MW00878970

EL LIBRO DEL VUELO DE LAS AVES

Francisco Escartí

EL LIBRO DEL VUELO DE LAS AVES

Reservados todos los derechos. No está permitida la reproducción total o parcial de este libro por cualquier medio sin la autorización por escrito de los titulares del Copyright.

© Francisco Escartí, 2016

www.elsecretodelospajaros.net

ISBN-13   978-1540888945

ISBN-10   154088940

ÍNDICE

EL LIBRO DEL VUELO DE LAS AVES

Introducción

El vuelo es un modo de transporte muy extendido entre los seres vivos: la población de voladores excede a la de cualquier otro tipo de animales. Sin embargo, conforme aumenta el peso del individuo el vuelo se hace más complicado. Si algunos pterosaurios alcanzaron masas parecidas a las del hombre, muy pocas de las aves actuales que vuelan sobrepasan los 10 kilogramos.

Este libro trata del vuelo de las aves. Utilizaré las palabras pájaro y ave, de forma indistinta, ya que es uno de los sinónimos más comunes que tiene dicho término. Las aves son animales vertebrados, de sangre caliente, se mantienen erguidas sobre las extremidades posteriores, mientras que las anteriores se han adaptado para volar, aunque no todas las aves vuelan. Para reproducirse: ponen huevos. No son los únicos seres vivos que vuelan; hay tres tipos más de animales que lo hacen o que alguna vez fueron capaces de volar: los pterosaurios, los murciélagos y los insectos invertebrados.

Los pterosaurios desaparecieron de la faz de la Tierra hace más de 65 millones de años y algunos de ellos, como el Quetzalcoatlus northropi, fueron unos de los animales más grandes que jamás han volado sobre nuestro planeta: las alas desplegadas de punta a punta (envergadura) podían medir 13 metros y pesaban unos 65 kilogramos. Sus manos terminaban en cuatro dedos: los tres primeros eran cortos —situados delante del ala, acabados en garras— y el cuarto, muy largo, sujetaba el borde de ataque del ala, formada por una membrana que iba del dedo al costado del cuerpo.

Los murciélagos, que son los únicos mamíferos voladores, tienen cinco dedos: un pulgar corto que les sirve de garra, un índice también corto que tensa la membrana en el borde de ataque, y los tres siguientes anular, corazón y meñique, muy largos, que dan la forma general al ala que puede adoptar geometrías muy variadas.

Los insectos son animales invertebrados que poseen un par de antenas, tres pares de patas y dos pares de alas (en algunas ocasiones atrofiadas). El 90% de los animales de la Tierra son insectos; hay millones de especies, la mayoría de ellas aún no han sido descritas. Su forma de volar, con alas delgadas y flexibles es muy diferente a la de las aves.

En la naturaleza, los animales ejecutan el vuelo siguiendo patrones distintos, que dependen del peso del volador. La inmensa mayoría de los seres vivos que vuelan son insectos, por lo que podemos asegurar que el vuelo de las aves —y en particular el de las de mayor tamaño— es un fenómeno bastante singular. A los voladores (naturales o artificiales) que aletean para volar se les denomina 'ornitópteros'; los pájaros son ornitópteros y sus alas ejecutan movimientos realmente complejos.

Hasta finales del siglo XIX no se llegó a entender del todo cómo el movimiento de las alas de los pájaros les permite generar las fuerzas de sustentación para equilibrar su peso y empuje para avanzar. Fue el científico francés Étienne-Jules Marey quien, en su libro *Le vol des oiseaux* (París, 1890), describió por primera vez con detalle todos los aspectos relacionados con el vuelo de estos animales.

A lo largo de la primera mitad del siglo XX muy pocos estudiosos se ocuparon de este asunto. Sin embargo, a partir de 1960 se desarrollaron modelos matemáticos y técnicas experimentales que utilizaron túneles de viento, cinematografía, rayos X y radares, para observar el movimiento del esqueleto y los músculos de los pájaros en vuelo. Se ha podido medir la fuerza muscular y el consumo energético de ejemplares en pleno vuelo. El uso de los GPS ha permitido estudiar con detalle los movimientos migratorios de algunas aves. Mediante pequeños sensores ha sido posible grabar la evolución del ritmo cardíaco en las distintas fases del vuelo. El análisis de la disminución de la concentración de isótopos pesados de hidrógeno y oxígeno, inyectados en la sangre de las aves, se ha empleado para evaluar el nivel de intercambio de gases, un factor que determina el consumo de energía del animal. Durante los últimos 50 años, los científicos han recopilado una ingente masa de datos relacionada con el vuelo de las aves, aunque aún quedan muchos aspectos por esclarecer.

Siempre se establecen analogías entre el vuelo animal y el de las aeronaves construidas por los hombres. La diferencia fundamental estriba en el peso. El peso de muy pocos pájaros supera los 10 kilogramos y en todos los aviones comerciales de pasajeros pasa de las 10 toneladas (442 toneladas en el caso del Boeing 747-8). Las aeronaves comerciales tienen un peso que excede el de los pájaros en tres órdenes de magnitud. En cuanto a la forma de volar, las aeronaves cuentan con alas fijas que sirven para generar la fuerza que contrarresta el peso y motores que aportan la potencia necesaria para producir el empuje que les permite avanzar. Las aves emplean sus alas para realizar, de forma simultánea, las dos tareas: equilibrar su peso y propulsarse.

Pero ¿cómo utilizan las aves sus alas para sustentarse y, al mismo tiempo, para crear el impulso que les permite volar sin perder altura? En la *figura 1* se muestra una gaviota con un trozo de pan en el pico, que ha tomado del agua, y vuela horizontalmente. Las alas se encuentran en el movimiento descendente y se ve perfectamente cómo las puntas se tuercen y descienden casi perpendicularmente hacia el agua, mientras que la parte del ala próxima al cuerpo se mantiene paralela a la superficie del mar. El ala no forma un plano sino que sufre una torsión. La fuerza aerodinámica resultante en las puntas del ala tiene la dirección del vuelo, hacia adelante, mientras que la fuerza aerodinámica de sustentación en la parte central es hacia arriba. Así es como la gaviota consigue generar la fuerza de empuje para avanzar, venciendo la resistencia, y la de sustentación para compensar el peso.

Figura 1. Torsión del ala; gaviota en vuelo de aleteo.

Aparentemente las hélices son un mecanismo más sencillo y eficaz para generar el empuje que el sistema de torsión de las alas. Quizá no sea así, pero lo que sí es cierto es que la naturaleza no puede construir hélices porque no ha inventado, todavía, juntas rotatorias capaces de llevar la sangre a lo que serían las palas de esos inexistentes miembros; así es que se ha visto obligada a discurrir el modo de emplear las alas para propulsar a sus pájaros.

Del vuelo de las aves cabe destacar su capacidad para desarrollar tanta potencia durante largos periodos de tiempo que pueden durar varios días, la cantidad de especies que migran, su excepcional sentido de la orientación y la navegación, la habilidad para cambiar la forma de su cuerpo, su destreza para extraer energía del aire y la complejidad de la aerodinámica no estacionaria que gobierna su forma de volar.

Un atleta bien entrenado, que pese 75 kilogramos, es capaz de producir unos 250 vatios durante algunas horas. Sin embargo, un cisne blanco de poco más de 10 kilogramos necesita 300 vatios para mantenerse en vuelo. El ejercicio del vuelo es mucho más exigente, en cuanto a requerimientos de potencia, que nadar o caminar, sobre todo cuando aumenta el peso de los individuos. De otra parte, el vuelo es desde un punto de vista energético, un sistema de transporte muy eficiente. Si comparamos una ardilla y un mirlo, del mismo peso, con unas 125 calorías de presupuesto energético, la ardilla correrá una distancia de unos 500 metros y el mirlo volará 2000 metros. Pero, la mayor eficiencia energética exige a cambio una capacidad de generar potencia muy elevada y, lo que es aún más difícil: mantener dicha situación durante un tiempo prolongado. Como los animales queman azúcar, hidratos de carbono y grasas para producir energía, lo normal es que durante un trayecto sin escalas consuman sus reservas, lo que hace que los pájaros tengan que ser capaces de acumular gran cantidad de grasa antes de emprender un viaje largo. De hecho, muchos de ellos pueden sobrealimentarse hasta doblar el peso, antes de iniciar sus vuelos migratorios.

La producción de un nivel elevado de potencia implica que el organismo de las aves posea unas características que son muy poco compatibles con la longevidad. La vida de los pájaros no es muy larga y además está llena de peligros. La elevada tasa de combustión, que requiere oxígeno y combustibles, es posible gracias a un sistema respiratorio que se extiende por todo el cuerpo y ocupa hasta el 20% del mismo (mientras que en los mamíferos esta cifra es del orden del 5%) y a un aparato circulatorio que puede bombear sangre a un ritmo de unas 500 pulsaciones por minuto y funciona a una presión elevada. Pero no basta con almacenar y transportar oxígeno y grasas, los músculos necesitan para trabajar trifosfato de adenosina (ATP) que a su vez se produce a partir de las reservas. No es suficiente almacenar la grasa sino que para que los músculos funcionen es necesario que los pájaros dispongan de células ricas en mitocondrias que son las responsables de usar los nutrientes para generar el ATP.

Para volar, los pájaros poseen cuerpos muy especializados, capaces de generar mucha potencia de un modo sostenido.

Los vuelos migratorios son otra de las características que hace que las aves sean unos animales excepcionales. Aunque los científicos lo sospechaban hasta hace muy poco tiempo no se había podido constatar, de modo fehaciente gracias a los GPS, que algunas aves migratorias, como la becasina de cola barrada, son capaces de recorrer más de 11 000 kilómetros en un vuelo ininterrumpido: de Alaska a Nueva Zelanda. En estos viajes pierden la mitad de su peso y muchos individuos la vida. Lo que se desconoce es el motivo que impulsa a estos animales a cruzar el globo terrestre dos veces, todos los años. De Nueva Zelanda, viajan por el Pacífico al norte de China y de allí regresan otra vez a Alaska para repetir el circuito la temporada siguiente. Estos pájaros no son los únicos que siguen esa ruta, hay más, y sin llegar a esos extremos hay muchísimas especies que migran del norte de Eurasia al África tropical y a Sudáfrica, y otras lo hacen de norte a sur y viceversa, en el continente americano. Es difícil explicar que todos los años tantas especies de voladores emprendan esos largos periplos, tan peligrosos para ellos.

El ejercicio de las migraciones obliga a estos pájaros a poseer mecanismos de orientación muy sofisticados. Sabemos que han desarrollado varios sistemas para determinar rumbos: detectan la inclinación y la intensidad del campo magnético terrestre, reconocen la posición de las estrellas y la del sol y son capaces de diferenciar la luz polarizada. También poseen cierta capacidad de navegación inercial. En principio, con las brújulas las aves podrían seguir un rumbo y auxiliarse del reconocimiento visual del terreno para corregirlo y llegar a su destino. La navegación inercial también les permitiría, con la ayuda del reconocimiento visual, alcanzar sus objetivos. Es más complicado pensar que volando sobre el mar, con escasas referencias visuales, los pájaros sepan corregir el necesario abatimiento de las corrientes de aire, sobre todo en trayectos de miles de kilómetros. Es por eso, por lo que se supone que las aves cuentan con mecanismos capaces de indicarles, además del rumbo, una referencia más o menos exacta del lugar en donde se encuentran en cada momento. Eso significaría que disponen de una especie de GPS interno.

En cualquier sistema de navegación, para situarnos sobre la superficie de la Tierra, la complejidad está en la determinación de la longitud (ángulo entre el meridiano del lugar y otro de referencia, que es el que pasa por Greenwich). La latitud (ángulo entre el paralelo del lugar y el Ecuador) la podemos deducir directamente de la altura de la estrella Polar, al menos en el hemisferio Norte, o de la del sol al mediodía, sabiendo en qué época del año estamos, en ambos hemisferios. La determinación de la longitud se resuelve llevando a bordo un reloj con la hora de Greenwich. La diferencia horaria a las 12:00 horas locales (cuando el sol está en la posición más alta del lugar en que nos hallamos) entre las 12:00 horas y la que marca el reloj con la hora de Greenwich en ese momento, nos permite calcular la longitud del meridiano en que nos encontramos, ya que el sol recorre 15 grados cada hora. Es posible que los pájaros utilicen su reloj interno durante las migraciones, el ciclo circadiano, para determinar la longitud geográfica de su posición, al menos con respecto al punto de partida; pero no se sabe si emplean este mecanismo u otro para posicionarse con cierta exactitud sobre la Tierra. Caben otras posibilidades, que trato en este libro, porque la navegación de los pájaros continúa siendo un asunto del que no se tiene un conocimiento muy preciso.

Los pájaros son capaces de adaptar la forma de su cuerpo a las necesidades del vuelo con rapidez y continuamente. Esa geometría variable es quizá el elemento que los diferencia sustancialmente de los aviones que fabrica el hombre. Son animales cuyo vuelo es muy inestable ya que deben de actuar de forma constante sobre las distintas partes de su cuerpo para mantenerse dentro de lo que constituye su envolvente de vuelo. A la vez que esta característica los hace muy eficientes, requiere que estén dotados de un complicado sistema de control. Necesitan sensores muy precisos (vista, oído, aceleraciones y presión) que le informen de su posición, velocidad y fuerzas a las que están sometidas las distintas partes de su cuerpo; también deben contar con un sistema nervioso muy rápido que transmita esta información a su cerebro, para que la procese de forma automática y envíe a los músculos la respuesta necesaria de acuerdo a las circunstancias. Estas funciones marcan una gran divergencia entre el modo de operar de un aeroplano comercial y el de un simple pájaro; mientras que el piloto del aeroplano maneja una máquina estable con un número muy limitado de controles y poca capacidad de actuación sobre la geometría de su aeronave, el pájaro tiene que procesar, automáticamente, muchos datos, para mantenerse en vuelo.

Otro aspecto del vuelo, que caracteriza a muchos pájaros es la capacidad que tienen para extraer energía del viento. En la atmósfera, sobre tierra, existen térmicas ascendentes y corrientes de montaña que generan ondas y rotores; sobre el mar hay gradientes de velocidad en altura muy acusados, en particular cerca de la superficie del mar se crean capas en las que la velocidad del aire aumenta mucho con pequeñas variaciones de la altura; tanto en tierra como en el mar, hay corrientes ascendentes generadas por obstáculos bien sean olas, barcos, promontorios o construcciones. Muchos pájaros, como los cóndores y buitres leonados, son maestros en la extracción de la energía de las térmicas, y otros, como los albatros, dominan la técnica de aprovechar los gradientes de velocidad en altura, cerca de la superficie de las olas. Estos pájaros planeadores son capaces de pasar muchas horas volando sin batir las alas y recorrer centenares de kilómetros con un esfuerzo mínimo. Las aves planeadoras son capaces de mantenerse en el aire en busca de alimento durante largos periodos de tiempo sin apenas mover las alas: los carroñeros buscan animales muertos, los depredadores conejos, serpientes o incluso otros pájaros, y las aves oceánicas peces. Hay también pájaros, como las cigüeñas, que en sus largas migraciones utilizan el planeo para desplazarse con ahorro de energía; estas aves evitan cruzar los mares, donde las térmicas son inexistentes o muy débiles, por eso en Europa los pasos migratorios se concentran en las costas del Oriente Próximo y el estrecho de Gibraltar.

El aire ejerce sobre el pájaro un conjunto de fuerzas que le permiten volar. Cuando lo hace con las alas extendidas y fijas, como un aeroplano, las teorías aerodinámicas que se han desarrollado para los aviones son aplicables a las aves, pero con algunas salvedades. Es importante tener en cuenta un parámetro que se denomina número de Reynolds y que refleja la importancia relativa entre las fuerzas viscosas o de rozamiento y las inerciales, en el movimiento del aire alrededor de un cuerpo. En función del valor de este número, el comportamiento de las alas difiere de forma significativa. El número de Reynolds del flujo de aire en los aviones es del orden de millones, mientras que en el caso de los pájaros oscila entre 30 000 y 350 000.

El vuelo de aleteo, con batimiento de las alas, se considera que es bastante más trabajoso para el pájaro que el de planeo. Desde un punto de vista aerodinámico es muy complejo, especialmente a baja velocidad, durante los momentos del despegue y aterrizaje. Es muy difícil establecer un modelo genérico aplicable al vuelo ornitóptero y resulta más práctico analizar asuntos concretos del mismo. El estudio de las estelas, con pájaros adiestrados para volar en túneles de viento, ha mostrado aspectos muy interesantes de este tipo de vuelo. El hecho de que las fuerzas que el pájaro ejerce sobre el aire tienen que ser iguales a las que el aire ejerce sobre el pájaro, permite conocer estas últimas mediante el estudio del movimiento del aire alrededor del pájaro. Se han desarrollado técnicas que hacen uso de la fotografía con láser para determinar la velocidad de las partículas del aire que rodea a un pájaro que ha aprendido a volar en un túnel de viento. Los resultados de estos estudios han permitido avanzar mucho en el conocimiento del vuelo de aleteo durante los últimos años. A baja velocidad, con flujos cuyo número de Reynolds es pequeño el vuelo de aleteo se produce en situaciones en las que la corriente de aire no es estacionaria y los torbellinos asociados, así como las fuerzas de sustentación y resistencia tardan un tiempo en establecerse y cambiar. Gran parte de la sustentación de las alas, a baja velocidad y con ángulos de ataque elevados, se debe a los torbellinos que se forman en el borde de ataque del ala. La complejidad asociada al estudio aerodinámico del vuelo de pequeños ornitópteros a baja velocidad hace que los análisis concretos de situaciones puntuales adquieran mayor utilidad que el desarrollo de cualquier modelo que pretenda abordar la solución completa del problema.

Cuando estudiamos el vuelo de los pájaros es inevitable pensar que se trata de un ejercicio muy complicado. Tanto, que nos sorprendemos de que pueda ocurrir. Sin embargo, para un ave que lo hace todos los días, la práctica del vuelo es parte de su vida, al igual que lo es para los mamíferos terrestres desplazarnos sobre la superficie de nuestro planeta. No sabemos cómo lo hacemos, pero lo hacemos. Para el ave, el aire es el medio en el que se apoya y debe hallarlo tan consistente y seguro como lo es el suelo para nosotros. Los movimientos que le permiten volar son instintivos, automáticos, los produce un sistema nervioso ligado a más de un centenar de músculos que a su vez recibe instrucciones que elabora el pájaro con un nivel de consciencia más elevado.

A la vista de todo lo anterior cabe preguntarse hasta qué punto tiene sentido el desarrollo de pequeños drones ornitópteros artificiales. En la práctica se han producido algunos con fines diversos como el de ahuyentar pájaros grandes en las proximidades de los aeropuertos para evitar colisiones con las aeronaves comerciales o emplearlos para transportar carga y realizar misiones de observación. Creo que ornitópteros de más de 10 kilogramos de peso no van a tener mucho futuro. Los problemas que plantean son los mismos a los que se enfrentan los pájaros: necesitan alas demasiado grandes, son poco maniobrables y las exigencias energéticas se disparan. Quizá, el único futuro de los ornitópteros artificiales se reduzca a pequeños artefactos, extraordinariamente maniobrables, para efectuar misiones de transporte y vigilancia que exijan rapidez, en entornos saturados de obstáculos.

Si nos imaginamos una cabina de control desde la que se pudieran activar todos los músculos del cuerpo de un pájaro relacionados con el vuelo, vemos enseguida que ningún piloto sería capaz de manejar semejante ingenio volador. Es necesario simplificar, integrar controles, dotar la cabina —al igual que los aeroplanos— con mandos básicos para subir o bajar, virar hacia cualquier lado, acelerar y decelerar. Con este conjunto de mandos elementales un piloto podría controlar un ornitóptero artificial que emulara el vuelo de un pájaro. Los mandos básicos activarían otros subsistemas que, en función de las circunstancias, dieran una respuesta adecuada a la orden recibida y actuaran en consecuencia sobre cada uno de los 'músculos' que fueran de su responsabilidad, a fin de generar los movimientos del cuerpo idóneos. La gestión del vuelo del ornitóptero exige la integración de subsistemas con respuestas, pre-programadas, a las órdenes superiores. Incluso podríamos pensar en una programación modificable, en función de los efectos reales de las respuestas, con lo que se dispondría de un sistema de aprendizaje basado en la prueba y el error.

Esto quiere decir, por ejemplo, que si el piloto que controla el ornitóptero desea incrementar la velocidad de vuelo, una orden simple como esa debería producir un conjunto de actuaciones sobre los mecanismos de vuelo que gobiernan la velocidad de desplazamiento del pájaro: aumentar la frecuencia y amplitud del batimiento de sus alas, modificar la inclinación de la trayectoria de las puntas de las alas con respecto al eje del cuerpo y alterar el porcentaje del tiempo de descenso del ala en cada aleteo completo. Dependiendo del resultado que se obtenga, como respuesta a las actuaciones descritas previamente, el sistema podría modificar la programación. Las órdenes de giro a cualquier lado, subir o descender, deberían generar de forma análoga un conjunto de actuaciones sobre los elementos que influyen en dicha maniobra, programadas con anterioridad.

Con un sistema de control del ornitóptero de este tipo, obviaríamos la imposible tarea de pilotarlo mediante actuaciones permanentes sobre los muchos elementos que afectan el vuelo. Los subsistemas podrían ser tan complejos como se quisiera y la implantación práctica de su funcionamiento programado debería inspirarse en los conocimientos que poseemos de la aerodinámica del vuelo con batimiento y el resultado que se obtuviera durante las pruebas del aparato. En función de la simplificación mecánica que se haga del pájaro, con más o menos grados de libertad de movimiento en cada una de sus partes, se pueden diseñar ornitópteros artificiales muy simples o muy complejos, pero el principio aquí expuesto para ejercer el control de vuelo es válido, con independencia de la arquitectura mecánica del aparato. Aun así, pienso que el ornitóptero artificial debería contar con un sistema automático para para evitar el impacto del dron contra cualquier obstáculo que aparezca de forma súbita en su trayectoria y que garantice la estabilidad durante el vuelo.

Y para terminar diré que este libro está escrito con la intención de que pueda leerlo cualquier persona que desee profundizar en el conocimiento del vuelo de los pájaros. Es un libro de divulgación y he tratado de evitar fórmulas y terminología científica, y le pido por anticipado al lector disculpas por las expresiones matemáticas que no he sabido evitar. Puede pasarlas por alto, sin merma de la comprensión del fondo de los asuntos que en el libro se tratan. La mayor parte de las fórmulas, así como los detalles sobre la anatomía de las aves, cuestiones relacionadas con la Aerodinámica y datos de vuelo de un conjunto de aves, los he incorporado en los anexos. Creo que del Anexo I conviene leer, al menos, las secciones que tratan del *esqueleto* y las plumas de las aves y del ANEXO II los *conceptos aerodinámicos básicos*.

En el Anexo IV he compilado datos de un conjunto de aves pertenecientes a cuatro órdenes (Anseriformes, Charadriiformes, Falconiformes y Passeriformes).

Capítulo 1

El estudio del vuelo de las aves

El vuelo de las aves, según los antiguos

Al hombre le ha costado mucho llegar a entender cómo vuelan las aves. En el mundo antiguo los pájaros eran remeros que movían las alas hacia abajo para contrarrestar el peso y hacia atrás para desplazarse; algo que no se parece mucho a lo que ocurre en la realidad. Hasta el Renacimiento no se planteó el estudio del vuelo de las aves con mentalidad científica. Leonardo da Vinci sería el primero en hacerlo, aunque también compartió la teoría errónea de los pájaros remeros.

El pensamiento de Leonardo da Vinci

Sus ideas sobre el vuelo de los pájaros las recogió en el códice de Turín en el que, junto con el códice Atlántico, se encuentran la mayor parte de sus trabajos aeronáuticos. En el códice de Turín abundan los dibujos y escasea el texto que es muy farragoso y está escrito a su estilo: de izquierda a derecha. Para descifrarlo es necesario auxiliarse de un espejo y aplicar una simetría tal y como hacía el maestro. De 1485 a 1490, en Milán, Leonardo elaboró casi todos sus estudios relacionados con el vuelo y aprovechó la gran epidemia de peste para encerrarse en su gabinete y profundizar en estos asuntos que quizá le ayudarían a evadirse mentalmente del entorno. Sin embargo, el trabajo aeronáutico de Leonardo permaneció oculto hasta el siglo XIX.

Casi todas las ideas del genio renacentista sobre el vuelo eran falsas y sus diseños impracticables. Leonardo creía que las aves producían un aire grueso debajo de las alas y fino por encima de ellas para mantenerse a flote, que su masa dependía de la forma que adoptaban (con las alas extendidas pesaban menos y al recogerlas más), que el peso menguaba con la altura y que las fuerzas aerodinámicas eran proporcionales a la velocidad. El aire no es más grueso debajo de las alas ni más fino encima de ellas, aunque exista una diferencia de presión entre ambos lados, ni la masa de los pájaros depende de la forma que adopten y las fuerzas aerodinámicas son proporcionales al cuadrado de la velocidad y no a la velocidad.

Leonardo dibujó máquinas de volar, casi todas del tipo ornitóptero con alas que el piloto tenía que mover con los brazos o las piernas, a veces utilizando ambas extremidades porque comprendió la magnitud del esfuerzo que exigía el vuelo. Es muy posible que tratara de volar con alguno de aquellos artefactos y no cabe la menor duda de que los resultados no le parecerían muy satisfactorios.

Leonardo llegó a la conclusión de que el aire en movimiento ejercía la misma fuerza sobre un cuerpo quieto que cuando el cuerpo se movía en el aire en reposo, siempre y cuando la velocidad del aire y del cuerpo fuera, en ambos casos, la misma. Los túneles de viento funcionan porque las cosas ocurren así, tal y como el florentino pensaba. Además de formular con acierto este principio, Leonardo hizo unos dibujos de un sacacorchos aéreo que muchos consideran como el precursor del helicóptero.

Aunque sus conclusiones no se ajustaran demasiado a la realidad, el gran artista e ingeniero que fue Leonardo da Vinci sería el primero en abordar el estudio del vuelo de los pájaros de un modo científico.

Giovanni Borelli

Fue un napolitano, Giovanni Alphonso Borelli, quien por primera vez explicó cómo la torsión del plano de las alas, en las puntas, es el mecanismo que utilizan los pájaros para impulsar su movimiento hacia adelante. En su libro *De Motu Animalium* publicado en 1680, al año siguiente de su muerte, el genial astrónomo y científico italiano describió la mecánica de los cuerpos vivos y en un apartado, *De Volatu*, el vuelo de los pájaros.

Borelli explicó cómo los huesos de los brazos de todos los animales tienen la misma estructura: se unen al tronco en la cintura escapular de donde sale el húmero hasta el codo, luego el cúbito y el radio y al final en la mano el carpo. En las aves, la longitud de los huesos de los brazos es superior a la del cuerpo, eso sin contar las plumas. El científico italiano también puso de manifiesto cómo las aves que mejor vuelan tienen las alas muy largas, como las de las golondrinas, y las de las que no lo hacen o vuelan menos son más cortas: es el caso de los avestruces y gallinas. Borelli se fijó en que los huesos de los pájaros estaban huecos y que Galileo había explicado que esa forma les otorgaba una gran resistencia y ligereza.

El científico italiano anotó que en el movimiento ascendente el ala sube como una espada, el borde de ataque está en la parte del hueso y las plumas se tuercen para no ofrecer resistencia. En el movimiento de descenso el plano de las alas próximo al cuerpo baja paralelo al suelo casi perpendicularmente al flujo de aire mientras que las puntas sufren una torsión y su plano cae perpendicular al suelo recibiendo el aire con un pequeño ángulo de ataque, pero de abajo hacia arriba. De esa forma la porción del ala próxima al cuerpo genera una fuerza hacia arriba, para soportar el peso del pájaro y en las puntas el ala produce la fuerza de empuje hacia adelante. Con la salvedad de que el flujo del aire, cuando el pájaro adquiere velocidad, en la parte del ala próxima al cuerpo entra en el ala horizontalmente, también con un pequeño ángulo de ataque, las ideas de Borelli se ajustaban a la realidad.

Pero el descubrimiento de Borelli que conmocionó a los estudiosos del vuelo de los pájaros de su época fue que el peso de los músculos pectorales era igual a una sexta parte del peso total de las aves, mientras que en los hombres apenas llegaba a una centésima parte. Pero aún había más, las fibras de los músculos pectorales de los pájaros eran distintas a las de los otros músculos y estaban mejor dotadas para efectuar los extraordinarios esfuerzos que en ciertas fases podía exigir el vuelo. De este modo, Borelli remarcaba la práctica imposibilidad que tiene el hombre de valerse de sus brazos para volar agitando cualquier apéndice con forma de ala. Más de un siglo antes, Leonardo da Vinci ya imaginaba que el esfuerzo de mover unas alas para un ser humano debería ser de tal magnitud que quizá necesitaría auxiliarse de los pies, y por eso en algunos de sus inventos ornitópteros los pilotos debían servirse de ambas extremidades para moverlos.

El científico también se interesó por los mecanismos de control que utilizan los pájaros para efectuar el vuelo y descubrió que se sirven de la cola para ascender o bajar, y que este apéndice no tiene ninguna utilidad durante los giros, tal y como creían los antiguos que asimilaban la cola al timón en los barcos.

A pesar de las explicaciones de Borelli, en el sentido de que los humanos tienen unos pectorales ridículos para mover alas capaces de llevarlos por los cielos, al menos durante un par de centenares de años después de la publicación de su obra, muchos insensatos continuarían subiendo a torres y promontorios con alas en los brazos y la intención de volar. No lo consiguieron y los más afortunados se romperían las piernas; los menos la cabeza.

Sir George Cayley

Borelli explicó cómo se propulsaban las aves, haciendo descender oblicuamente las puntas de las alas, pero no dejó del todo claro cómo obtenían la sustentación en la parte de las alas próxima al cuerpo. La mayoría siguió pensando que allí las alas descendían paralelas al suelo y se apoyaban en el aire recibiendo el flujo con un ángulo cercano a los 90 grados. Realmente no era así, salvo en la fase inicial del vuelo. En las proximidades del cuerpo el aire incide con un ángulo de ataque bastante más pequeño.

Sir George Cayley llegó a la conclusión de que el vuelo económico exigía velocidad y los pájaros lo practicaban. El aristócrata inglés inventó el concepto de aeroplano y grabó la idea en un disco de plata en 1799 (*Figura 1-1*). Sir George, concibió una máquina con ala fija y cola, para estabilizar el vuelo, que debería propulsarse con un dispositivo adicional; en el dibujo del disco de plata puso unos remos para mover el aeroplano. La genialidad del aristócrata consistió en diseñar una máquina que

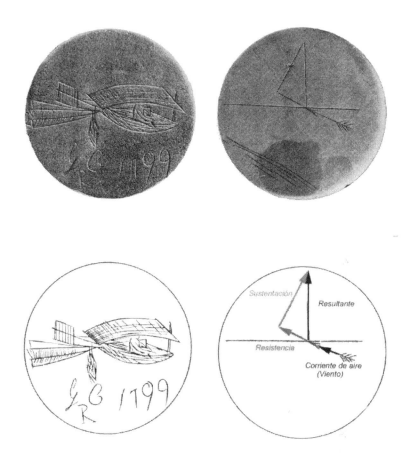

Figura 1-1 Disco de plata de sir George Cayley.

generase la sustentación y el empuje con mecanismos independientes. La sustentación para compensar el peso la producirían las alas al incidir sobre ellas el viento con un pequeño ángulo de ataque. El propulsor, los remos, servirían para vencer la fuerza de resistencia al avance. Aunque no resulte evidente, eso es lo que hacen los pájaros, desacoplan los mecanismos para producir la sustentación y el empuje: generan la sustentación en la parte del ala próxima al cuerpo, que procuran mantener fija, y emplean las puntas para originar el empuje. El diseño de sir

29

George, simple y primitivo, incluía un ala (con curvatura), un timón cruciforme con el que el piloto controlaba el avión y una barquilla con unos remos. Bogar en el aire no dejaba de ser una imposible y antigua reminiscencia del concepto aristotélico del vuelo de los pájaros remeros. En la otra cara del disco de plata grabó un esquema con las fuerzas de sustentación y resistencia que equilibran el peso.

Sir George fue un personaje muy peculiar y en 1849, cuando el inventor ya había cumplido los 75 años, construyó y mandó volar a un jovenzuelo en uno de sus planeadores, el *Boy Carrier,* y al parecer fabricaría su último planeador en 1853 en el que volaría, muy a pesar suyo, su chófer. Sin embargo, a Cayley sus contemporáneos y los inventores que le siguieron no le hicieron demasiado caso, o no entendieron sus diseños, y sus ideas se desaprovecharon.

Mouillard

Obsesionados con la idea de la motorización, la mayoría de los estudiosos del vuelo mecánico, a lo largo del siglo XIX, no supieron desentrañar los misterios que encierra el vuelo de los pájaros cuando no mueven las alas. Mouillard sí lo hizo, y en sus elucubraciones, a veces oscuras, encontramos lo que él llamaba vuelo de "aspiración". No fue el único que describió este tipo de vuelo, pero en aquella época no era fácil explicar que un pájaro fuera capaz de mantener su nivel de vuelo o incrementarlo, sin la presencia de una corriente de aire ascendente.

En 1866 Louis Pierre Mouillard cumplió 32 años y se fue a vivir a El Cairo, la ciudad de los pájaros, y allí pasó el resto de su vida embelesado en la contemplación del majestuoso vuelo de los buitres y otros grandes planeadores. El libro del ornitólogo *L'Empire de l'Air,* publicado en 1881, se convirtió en una obra de referencia para todos los interesados en el vuelo de los pájaros que a su vez querían aprender de ellos la forma de construir una máquina de volar más pesada que el aire. Para Mouillard el ejemplo a seguir por el hombre era el buitre leonado (Gyps fulvus). Un animal que Mouillard describió así:

«Se pueden ignorar las garras, pero el pico es terrible, de una fuerza de la que no se puede dudar; el ropaje es insuficiente y no protege el cuerpo de una manera eficaz. Muerto, hay que ponerse a cubierto de los vómitos; el olor es horrible. Este perfume no es fugaz, se agarra peor que el almizcle: todo el animal está impregnado. La habitación en la que permanezca solamente durante algunas horas conservará este olor nauseabundo durante meses enteros. Además hay que cuidarse de los piojos, tienen una talla hermosa.»

Un pájaro carroñero del que el ornitólogo francés se enamoró. Lo contemplaba desde la terraza de su casa. Con sus alas extendidas volaba en círculos aprovechando las térmicas hasta ganar suficiente altura como para iniciar un largo planeo. En el vuelo de planeo perdía más de la mitad de la altura, hasta que llegaba a un punto en el que el animal sabía que otra térmica volvería a permitirle remontar toda la altura perdida, o quizá más. Ascendía lentamente, describiendo círculos amplios o con mayor velocidad cuando eran más cerrados, entonces alabeaba el cuerpo para no deslizarse lateralmente y seguir con precisión la hélice de su escalera. Y otra vez en las alturas oteaba el horizonte antes de dejarse caer por el espacio que trazaba en el aire un invisible trayecto que lo llevaba con seguridad hasta otra térmica. Y así, sin mover las alas, el buitre leonado dejaba pasar las horas mientras con la vista exploraba cada centímetro del terreno que se extendía debajo de sus alas. Sus ojos podían descubrir un pequeño animal muerto que estuviera a varios kilómetros de su atalaya y entonces su cerebro hacía los cálculos y el buitre leonado emprendía un larguísimo vuelo de planeo que, con una precisión inexplicable, lo llevaba justo hasta el lugar en el que yacía el alimento.

Pierre Mouillard descubrió que para volar no era necesario batir las alas, bastaba con extenderlas y dejarse llevar por las corrientes de aire. Si el vuelo con batimiento requería un consumo de energía considerable, el planeo no. El ornitólogo se fijó en cómo colocaban los pájaros las alas al planear, cuando remontaban una térmica las extendían ligeramente hacia adelante y durante los descensos hacia atrás (*Figura 2-1*). No era un

Figura 2-1. Mouillard observó que los pájaros adelantaban y desplegaban las alas para ascender y las retrasaban y reducían para descender.

hombre al que le atrajeran las matemáticas ni la aerodinámica, decía que nadie se atrevería a volar en un artefacto cuyo diseño se basara en fórmulas y ecuaciones en vez de en la experiencia. Aunque para muchos de sus contemporáneos —que sabían cómo se desplazaba la fuerza de sustentación de un ala, hacia delante o atrás, en función del ángulo de ataque— les resultara fácil entender por qué los pájaros las colocaban de diferente manera cuando ascendían a cuando bajaban, a Mouillard no le importaba mucho saber por qué era así. En su cabeza las aeronaves de los hombres surcarían el espacio como los buitres leonados, sin necesidad de un motor potente, aprovechando las corrientes gratuitas de aire que cruzan los cielos.

Los estudiosos comprendieron que los pájaros no eran remeros porque impulsar el aire hacia abajo para obtener así una fuerza hacia arriba, igual a su peso, era un ejercicio agotador. El secreto de la economía del vuelo estaba en adquirir cierta velocidad.

Marey

Hasta que, a finales del siglo XIX, el francés Étienne-Jules Marey publicó su libro, *Le vol des oiseaux* (París, 1890), nadie había explicado con tanto detalle cómo vuelan los pájaros.

Marey conocía personalmente a Mouillard y compartió con él su fascinación por el vuelo de planeo de los grandes pájaros como el quebrantahuesos, los milanos, el águila, el buitre, los cernícalos y las arpías. Pero no se ocuparía en exclusiva de los 'planeadores' sino que también compiló los datos de otros estudiosos, sobre la frecuencia con que batían las alas los pájaros 'remeros': oscilaba entre $1^3/_4$ para las cigüeñas y 10 veces por segundo, en el caso de los palomos. Describió los ruidos, la amplitud de las oscilaciones, cómo efectuaban los giros, las bandadas y formaciones y el alcance y la velocidad del vuelo de distintos pájaros. También estudió la anatomía de las aves y la segunda parte de su libro la dedicó a la descripción de sus experimentos fisiológicos. Comprobó, sujetando un palomo a una percha giratoria, que el pájaro podía sentir la velocidad y aleteaba, de forma automática, con una frecuencia que dependía de este parámetro. Con poca velocidad lo hacía de 8 a 10 veces por segundo, pero cuando aumentaba la velocidad la frecuencia disminuía hasta que, al alcanzar unos 16-18 metros por segundo, el palomo dejaba de aletear.

Marey estudió gráficamente el movimiento de las alas de los pájaros para lo que utilizó instrumentos bastante complejos. El movimiento del húmero (primer hueso del brazo) de un palomo es hacia adelante y hacia abajo durante el descenso del ala y hacia arriba y atrás durante el ascenso (*Figura 3-1*). El movimiento de la punta de las alas (*Figura 4-1*) describe, con respecto al cuerpo del palomo, una elipse y el plano del ala en los extremos se inclina hacia abajo al descender el ala y hacia arriba al subir. La *figura 4-1*, que representa el movimiento del plano que forman las plumas

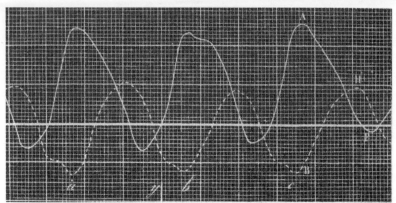

Figura 3-1. (Marey, *Le vol des oiseaux*). La línea AP representa el movimiento de la punta del húmero de un palomo en el sentido horizontal (adelante y atrás) y la línea HB en el sentido vertical (arriba y abajo). En la posición más baja el húmero está en el punto más adelantado y en la más alta, cerca del más retrasado. Se mueve, por tanto, hacia adelante y abajo, en el descenso y hacia atrás y arriba, en el ascenso.

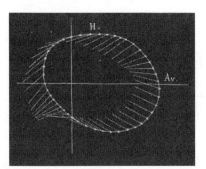

Figura 4-1. (Marey, *Le vol des oiseaux*). Movimiento elíptico, de la punta del ala, con respecto al pájaro.

rémiges en las puntas de las alas, muestra que cuando se inicia el movimiento de ascenso del ala hay un cambio brusco en la inclinación del plano. Durante el descenso, la pluma, que es elástica, se ha inclinado por efecto de la presión del aire y cuando esta desaparece se recupera muy deprisa, como si estuviera sujeta con un muelle. El científico francés llegó a la conclusión de que el movimiento ascendente del ala es más rápido que el descendente.

Mediante una serie de once fotografías, tomadas durante un aleteo completo de un palomo, Marey describió con detalle el vuelo de este pájaro e ilustró en tres dimensiones los movimientos de una gaviota en pleno vuelo (*Figura 5-1*)

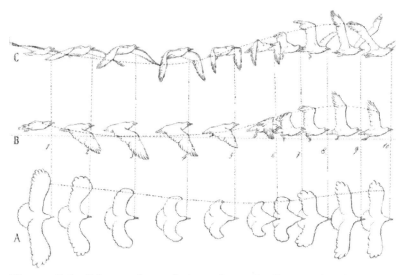

Figura 5-1. (Marey, *Le vol des oiseaux*). Secuencia de vuelo completa de una gaviota, en tres dimensiones.

Otto Lilienthal

En 1891, el ingeniero alemán Otto Lilienthal pronunció una conferencia en la asociación alemana interesada por la aviación, sobre la teoría y la práctica del vuelo. Lilienthal había publicado el libro, *El vuelo de los pájaros como la base de la aviación,* dos años antes. En su obra, el brillante ingeniero, incluyó una descripción pormenorizada de los experimentos aerodinámicos que había llevado a cabo en colaboración con su hermano Gustav para determinar la sustentación de las alas con perfiles planos y curvos, junto con observaciones acerca del vuelo de los pájaros y tablas y cálculos relacionados con la sustentación, la resistencia y la potencia necesaria para el vuelo. En la conferencia, Otto Lilienthal, dijo que después de todos aquellos ejercicios teóricos tenía la intención de construir planeadores, primero sin motor, y experimentar con ellos. Y eso es exactamente lo que hizo.

De 1889 a 1896, Otto Lilienthal, efectuó unos 2000 vuelos colgado de sus planeadores, lanzándose desde un promontorio. Las imágenes fotográficas del alemán, surcando los cielos con sus pequeños planeadores de unos 8 metros de envergadura y alas de murciélago, darían la vuelta al mundo y renovarían el interés del público por la aeronáutica cuando todavía nadie había conseguido levantar el vuelo con una máquina más pesada que el aire. Lilienthal marcó el rumbo a seguir para los que trabajaban en el desarrollo de la aviación, obsesionados casi todos con la motorización y menos interesados en el control en vuelo de la máquina que pretendían inventar. Sin embargo, la desgracia truncó la vida del ingeniero cuando en uno de aquellos vuelos, el 9 de agosto de 1896, el ala de su aparato entró en pérdida.

Lilienthal fue el primero en calcular, aplicando sus conocimientos sobre la sustentación y resistencia de los perfiles de las alas, la fuerza y potencia necesarias para el vuelo de un pájaro. En su libro describe sus observaciones sobre el vuelo de las gaviotas:

«Por lo tanto, concluimos que la función real de las puntas de las alas no es la de generar más sustentación sino la de producir un efecto de tracción dirigido hacia adelante. De hecho, la observación no deja duda sobre este punto. Es únicamente necesario observar la gaviota iluminada por el sol, y de los efectos que produce la luz podemos distinguir el cambio de inclinación de las puntas de las alas…Cuando la gaviota se aleja de nosotros presenta, durante el movimiento del ala ascendente, la parte superior de sus alas fuertemente iluminadas por el sol, mientras que durante el movimiento descendente nos muestra la parte oscura de la cámara.» (*Figura 6-1*)

Lilienthal explica que las plumas rémiges de la punta de las alas de los pájaros, en los grandes planeadores como las cigüeñas, están separadas y cada una de ellas actúa casi de forma independiente al igual que el perfil de un ala. En el caso del

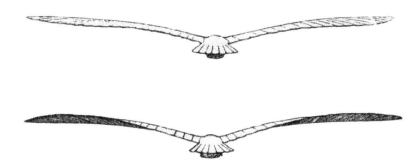

Figura 6-1. (Otto Lilienthal, *El vuelo de los pájaros como la base de la aviación*). Vuelo de una gaviota, visto desde atrás. La sombra en las alas, durante el movimiento descendente, muestra la torsión.

cóndor, las plumas son más anchas cerca del encastre y allí se solapan para ofrecer una superficie compacta.

Con el objeto de efectuar sus cálculos Lilienthal tomó los dibujos de una cigüeña blanca, un pájaro muy corriente en su país. El animal tenía 6 plumas rémiges en cada una de las puntas de sus alas, que en total sumaban una superficie de 0,5 metros cuadrados. La cigüeña pesaba 4 kilogramos y, de acuerdo con sus tablas de sustentación y resistencia, debía volar a una velocidad de unos 10 metros por segundo para que sus alas, completamente desplegadas pudieran soportar su peso. Con el cuello extendido y las patas hacia atrás, la superficie frontal que presenta de cara al viento la cigüeña la estimó en unos 0,008 metros cuadrados que, a una velocidad de 10 m/s, ofrecerían una resistencia de 0,104 kilogramos, aproximadamente. Para todos estos cálculos Lilienthal utilizó, exclusivamente, sus tablas aerodinámicas, el peso y los dibujos del cuerpo de la cigüeña. En ausencia de viento y, si el animal no batía las alas, el vuelo se convertiría en un planeo descendente con un ángulo de 1,5 grados. En las mismas condiciones, para mantener el vuelo nivelado (sin pérdida de altura), la cigüeña se vería obligada a batir las alas. Tras una serie de hipótesis —basadas en sus observaciones— en cuanto a la velocidad del vuelo (10 m/s), frecuencia de aleteo (2 por segundo), y suponiendo que el movimiento de subida del ala es más rápido que el de bajada en una proporción de 3/2, Lilienthal calculó que la potencia necesaria para el vuelo de la cigüeña, en estas condiciones, era de 13,23 vatios. Para realizar los cálculos el ingeniero alemán simplificó el problema tomando el movimiento de cuatro perfiles en cuatro secciones distintas del ala (_Figura 7-1_). Este número lo llevaría a

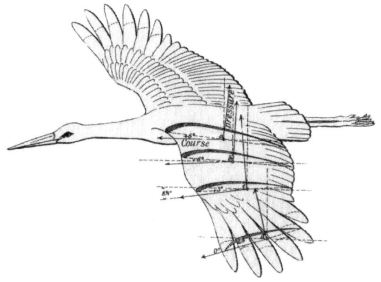

Figura 7-1. (Otto Lilienthal, _El vuelo de los pájaros como la base de la aviación_). Para calcular la potencia necesaria para el vuelo de la cigüeña, Lilienthal tomó cuatro perfiles distintos de ala, a lo largo de la envergadura. Durante el movimiento descendente el perfil del extremo se inclina y la resultante de presión produce la tracción necesaria para que el pájaro avance.

suponer que si, en vez de una cigüeña de 4 kilogramos de peso, se trataba de un planeador, con un piloto a bordo, cuyo conjunto pesara 80 kilogramos, la potencia necesaria sería de 264,6 vatios, una cifra que un atleta bien entrenado puede mantener durante cierto tiempo. El planeador del atleta debería contar con una superficie de unos 10 metros cuadrados a fin de que su carga alar (peso por unidad de superficie) fuera similar a la de la cigüeña.

Todos estos datos le servirían a Otto Lilienthal para dimensionar los planeadores que construyó y que voló, hasta que un desafortunado accidente terminó con la vida del ilustre aeronauta.

Con las investigaciones de Marey y los trabajos de Otto Lilienthal, llegamos a las postrimerías del siglo XIX que es cuando se pudo conocer con cierto detalle la forma de volar de los pájaros. Durante la primera mitad del siglo XX los técnicos y científicos no mostraron un gran interés por este asunto, y fue a partir de la segunda mitad cuando se iniciaron los verdaderos avances en el conocimiento del vuelo de los pájaros. De todos estos progresos trataré en los siguientes capítulos.

Capítulo 2

El vuelo y la forma de vida de las aves

Evolución

Tan solo un año después de que Darwin presentara su teoría de la evolución se encontraron en Baviera, en el año 1861, restos fosilizados de una pluma cuya antigüedad era de unos 150 millones de años. Al año siguiente de este descubrimiento se halló el esqueleto de un animal con alas y plumas, como las de un pájaro, pero provisto de una extraordinaria mandíbula dentada. Estos eran los primeros restos (Archaeopteryx) de los antepasados de nuestras aves que encontraron los científicos. Fue Thomas Henry Huxley quien postuló que los pájaros o bien descendían de los terópodos o eran primos suyos, ya que del análisis de sus esqueletos dedujo que existían relaciones muy próximas entre ambos. Cuando presentó sus conclusiones en la Sociedad Geológica de Londres, en 1870, un paleontólogo, Harry Govier Seeley, puso una serie de objeciones a la hipótesis de Huxley. En 1926, el danés Gerhard Heilmann publicó su libro, *El origen de los pájaros*, en el que afirmaba que las aves eran anatómicamente muy similares a los terópodos, con la salvedad de que estos últimos carecían de clavículas. Heilmann creía que los pájaros no podrían haber desarrollado las clavículas por lo que deberían descender de algún reptil más antiguo, dotado con estos huesos. En 1936, Charles Camp, de la universidad de Berkeley, halló los restos de un terópodo con clavículas; las objeciones de Heilmann dejaron de tener sentido y la tesis de Huxley recuperó cierta credibilidad, aunque no se afianzó hasta la difusión de los trabajos de Ostrom, en los años 1960. Los estudios de Ostrom los confirmaría Gauthier, de la universidad de Berkeley, en la siguiente década. Hoy en día, casi la totalidad de los científicos

43

están de acuerdo en que las aves son descendientes de los terópodos.

El que las aves desciendan de los terópodos no significa ni que Archaeopteryx sea el primero que voló ni explica cómo se iniciaron en el vuelo. Existen dos teorías que tratan de justificar la evolución que siguieron los ancestros de los vertebrados voladores —murciélagos, pájaros y los desaparecidos pterosaurios— para iniciarse en el vuelo. La teoría arbórea, postula que esta habilidad la desarrollarían especies que acostumbraban a subir a los árboles y escalaban paredes rocosas. Estos animales aprenderían a lanzarse desde las alturas y planear hasta el suelo, en un principio, para luego desarrollar la capacidad de propulsión batiendo las alas. La segunda teoría, parte del supuesto de que el vuelo lo aprendieron animales corredores que en las persecuciones a sus presas, aprendieron a dar saltos para capturarlos. Las alas de estas criaturas evolucionarían para auxiliarlos en sus pequeñas excursiones aéreas, hasta que aprendieron a volar. Al parecer, las alas en un principio estaban hechas con un tejido membranoso, como el de los murciélagos. Las plumas aparecieron más tarde y servían para protegerse del frío, camuflarse o llamar la atención de sus parejas durante el apareamiento; los ancestros de los pájaros tardaron en darse cuenta de que eran unos magníficos instrumentos para volar.

Archaeopteryx no gozaba de una constitución que se adaptara bien a la vida de trepador porque carecía de extremidades prensiles. La mayoría de los ancestros de los terópodos eran terrestres, pequeños, activos, ligeros, de patas largas y estaban bien dotados para las carreras; además al ser bípedos, sus brazos quedaban libres para soportar el vuelo. Todos estos datos apoyan la teoría de los corredores. El punto más débil en el comportamiento de un animal que salta y despliega las alas para atrapar una presa es que con esta maniobra pierde velocidad. De otra parte, si las aves descienden de cazadores terrestres no es fácil de explicar el motivo por el que se transformaron en depredadores pacientes que aguardaban a sus víctimas en las ramas de los árboles.

Sin embargo hay estudios recientes como los de Dennis Evangelista, de la universidad de Carolina del Norte y Robert Dudley de la universidad de Berkeley, California, en los que se ha constatado que, desde el primer día, los pájaros saben utilizar sus alas para evitar caer boca arriba. Sus experimentos con perdices chukar (Alectoris chukar) han demostrado que estos pájaros poseen una maestría innata para maniobrar en medio del aire cuando caen desde cierta altura, destreza que perfeccionan con la edad. Dudley está firmemente convencido de que es una habilidad que apunta a que los ancestros de los actuales pájaros se iniciaron en el arte del vuelo lanzándose desde las alturas.

John J. Videler sugiere otra posibilidad evolutiva, a mitad camino entre la teoría arbórea y la de los corredores. El Archaeopteryx pesaba alrededor de 0,25 kilogramos y sus alas desplegadas tenían una superficie de unos 0,06 metros cuadrados; eran, por tanto, relativamente grandes. Además, tenía 12 plumas primarias, con tres dedos, que cubrían el 40% del ala. El movimiento del codo y la muñeca no le permitirían torcer las puntas de las alas para generar empuje, pero sí podía desplegarlas y recogerlas. Estaban diseñadas para producir una gran cantidad de sustentación con un ángulo de ataque elevado sin entrar en pérdida. El lugar del sur de Alemania, donde vivía, hace 150 millones de años, gozaba de un clima tropical y estaba plagado de islas en las que no abundaban los árboles. Hay pájaros acuáticos, como los somormujos, que son capaces de andar sobre el agua. El Archaeopteryx pudo aprender a utilizar sus alas, que le permitirían disminuir la presión sobre la superficie acuosa, para auxiliarse en correrías similares.

Es muy posible que la realidad no se ajuste de un modo estricto a ninguna de estas teorías y que los ancestros de las aves hicieran uso de sus apéndices voladores para correr, desplazarse sobre el agua y controlar sus caídas cuando se lanzaban desde alguna percha o promontorio, indistintamente.

El vuelo y la forma de vida de las aves

El vuelo es parte de la vida de las aves y se adapta a sus necesidades. Lo utilizan para desplazarse, a diario en busca de alimento, en sus migraciones y para escapar de sus enemigos. Su alimentación, su masa y el hábitat en el que se desarrolla su vida condicionan el modo en el que ejercen el vuelo y la forma de sus alas.

Las rapaces y carroñeras son carnívoras, otras se alimentan de peces y moluscos, de reptiles, de insectos, de algas, raíces o granos. En cuanto al peso de las aves, oscila de unas decenas de gramos hasta los 15 o 20 kilogramos que pueden alcanzar las variedades más grandes. Las hay que habitan en lugares donde abunda el agua, lagos, humedales, riberas, costas marítimas y en el mar o los océanos, a la vez que muchas se han acostumbrado a vivir tierra adentro, en bosques, llanos o en zonas próximas a campos de labor.

Para buscar el alimento, hay aves que pasan la mayor parte del tiempo volando mientras que otras nadan en la superficie de las aguas, bucean, o caminan sobre el barro, entre los matorrales o en las tierras cultivadas por los hombres.

Desde la perspectiva del vuelo podemos considerar tres tipos de aves, en función del modo que lo utilizan para buscar el alimento: las planeadoras, las que hacen uso del vuelo de aleteo para atisbar y capturar sus presas, y las que vuelan tan solo para acceder a las despensas.

Las planeadoras otean en un amplio territorio desde su atalaya móvil en busca de sus objetivos, que pueden ser peces, animales muertos, otros pájaros, reptiles, huevos o pequeños mamíferos. Las planeadoras que operan sobre tierra firme suelen aprovechar las térmicas para ganar altura. Este ejercicio las obliga a efectuar giros muy cerrados, lo que implica que su carga alar sea pequeña. Sin embargo, las alas no pueden ser muy alargadas para que su maniobrabilidad no se vea perjudicada, por lo que la relación de aspecto (AR: relación entre la envergadura y la cuerda de un ala; _figura 7-A2_) de las planeadoras terrestres no es muy grande. Para compensar el incremento de resistencia inducida de unas alas relativamente cuadradas, sus rémiges se abren en las puntas y aparecen ranuras entre ellas que actúan como *winglets*. Las grandes planeadoras terrestres son propensas a la necrofagia, ya que la depredación de animales vivos exige un vuelo enérgico y acrobático para el que sus alas no son las idóneas. Las aves planeadoras que habitan las costas marítimas o se adentran en los océanos, tienen que soportar vientos mucho más frescos y no pueden beneficiarse de las térmicas. Su carga alar debe ser mayor que la de las terrestres y el estilo de vuelo, sobre el mar abierto y franco, les permite que las alas se beneficien de una relación de aspecto más grande. Algunas de estas aves poseen las alas más largas y estrechas de todas las especies, que les ha permitido desarrollar técnicas de planeo dinámico muy sofisticadas con las que extraen energía de los gradientes de velocidad del viento.

Con respecto a las aves que hacen uso del vuelo de aleteo para cazar sus presas, las hay que las buscan batiendo zonas muy amplias, mientras otras cazan insectos en vuelo y también las hay que aguardan en ramas o perchas hasta que aparezcan para perseguirlas con un movimientos rápidos y enérgicos de las alas.

Muchas aves tan solo vuelan para desplazarse a los lugares en donde se alimentan o para escapar de sus enemigos. Sus vuelos son cortos y rápidos. Dentro de estas las hay terrestres y acuáticas. Las especies de aves acuáticas que no son planeadoras y viven en humedales, zonas pantanosas y lagos, buscan su alimento en el barro o debajo del agua. Algunas pasan la mayor parte del tiempo nadando, otras son buceadoras.

Los tamaños y costumbres alimenticias de las aves varían dentro de un amplísimo espectro, y su forma de volar se acomoda a las necesidades que el modo de vida de cada pájaro determina. Sin embargo, podemos caracterizar el vuelo de las aves con un número de parámetros relativamente pequeño: la carga alar (W/S), la relación de aspecto de sus alas (AR), el coeficiente de sustentación (CL) y el número de Reynolds (Re).

La carga alar (W/S) es el cociente entre el peso del ave (W) y la superficie de sus alas (S); la mediremos en newtons por metro cuadrado (1 Kg fuerza=9,8 newtons).

La relación de aspecto (AR) es el valor de la envergadura del pájaro (distancia de punta a punta de las alas) dividido por la cuerda media del ala (dimensión longitudinal del ala, medida del borde de ataque al de salida).

El coeficiente de sustentación (CL) se determina a partir de la fórmula [1] igualando la sustentación al peso. Es un parámetro que multiplicado por la superficie alar (S), el cuadrado de la velocidad (v) y la densidad del aire (ρ), es igual a dos veces el peso del ave, en un vuelo nivelado.

$$W = \frac{1}{2} \rho v^2 c_L S$$

El número de Reynolds (Re), es proporcional a la dimensión longitudinal del ala (cuerda) y la velocidad de vuelo, e inversamente proporcional a la viscosidad cinemática del aire (expresión [3]). Indica la relación que existe en la corriente del fluido entre las fuerzas de inercia y las viscosas.

La carga alar de los pájaros (W/S) varía mucho y puede oscilar entre 10 y 200 newtons por metro cuadrado. Conforme aumenta el peso de los voladores también lo hace por lo general su carga alar (W/S). Si tomamos la forma de un determinado pájaro como referencia y lo agrandamos, guardando las proporciones, al aumentar la escala la masa crece con el cubo de su longitud característica, mientras que la superficie alar lo hace con el cuadrado de la misma; por lo tanto, el agrandamiento nos genera un ave con mayor carga alar. Si las alas crecieran en mayor proporción la carga alar se mantendría, pero unos apéndices tan grandes le plantearían al pájaro problemas de maniobrabilidad, cerca de tierra y en presencia de obstáculos próximos, así como inconvenientes de tipo estructural. En vuelo, la fuerza de sustentación depende de la densidad del aire, del cuadrado de la velocidad, del coeficiente de sustentación y de la superficie alar. Es fácil comprender que los pájaros con mayor carga alar, para obtener la sustentación necesaria deben volar más rápido o contar con un coeficiente sustentador (CL) más elevado, o ambas cosas a la vez. En general, los pájaros más grandes suelen volar a mayor velocidad y además lo hacen con coeficientes de sustentación más elevados.

La carga alar también está relacionada con el radio de giro del pájaro en un planeo: cuanto mayor sea, mayor es también el radio necesario para efectuar un viraje. Esto tiene importancia en el caso de aves planeadoras que deben mantenerse en el interior de una térmica. Una carga alar baja, les permite realizar virajes más cerrados.

La relación de aspecto de las alas (AR), o alargamiento, define la eficiencia del ala. Cuanto mayor sea este valor, menor será la resistencia inducida y mayor la relación entre sustentación y resistencia (L/D). En las aves, la relación de aspecto (AR) varía de 4,5 a 15,5. Los pájaros que efectúan largas migraciones y los buenos planeadores de cualquier tipo necesitan que la relación de aspecto de sus alas sea alta (AR>9). Por el contrario, tendrá que ser baja la de las aves que deben practicar un vuelo acrobático con evoluciones rápidas y frecuentes cambios en la dirección de la marcha.

Si calculamos el valor del coeficiente de sustentación (CL), de acuerdo con la expresión *[1]*, igualando la sustentación al peso, en la muestra de aves del *Anexo IV*, obtenemos valores que varían de 0,1 a 1,5. En general, los pájaros pesados que vuelan rápido lo hacen con coeficientes de sustentación elevados, mientras que los más ligeros, en sus vuelos muestran coeficientes de sustentación más bajos.

Los pájaros con alas que tienen una relación de aspecto elevada y vuelan con coeficientes de sustentación bajos están especialmente dotados para realizar vuelos de largo alcance. Ejemplos de este tipo de aves son el vencejo real (Apus melba, AR=10,69; CL=0,25; W/S=25,1 Nw/m2), la becasina de cola barrada o aguja colipinta (Limosa lapponica, AR=10,25; CL=0,29; W/S=61,2 Nw/m2) y el charrán ártico (Sterna paradisea, AR=11,21; CL=0,25; W/S=19,3 Nw/m2), todas ellas capaces de volar miles de kilómetros sin detenerse.

Las aves con alas alargadas, de gran relación de aspecto y que suelen volar con coeficientes de sustentación elevados son, por lo general, bastante pesadas. Ejemplos de este tipo de pájaros son la serreta grande (Mergus merganser, AR=11,23; CL=0,79; W/S=193.5 Nw/m2), el cisne vulgar (Cygnus olor, AR=8,14; CL=0,99; W/S=163,1 Nw/m2) y el colimbo ártico (Gavia arctica, AR=12; CL=0,90; W/S=211,7 Nw/m2).

La relación entre sustentación y resistencia (L/D), para cualquier volador, es un indicador de la eficiencia aerodinámica del ala y es mayor para alas de gran envergadura y relación de aspecto (AR). Sin embargo, es un parámetro que también depende del número de Reynolds (Re) que en el caso del vuelo de las aves es siempre más pequeño que en el de los aeroplanos. Cuando el número de Reynolds es bajo la resistencia debida a la viscosidad aumenta y la formación de vórtices asociados a la producción de sustentación se ve afectada. En un gorrión, el valor de (L/D) es del orden de 4, mientras que en una cigüeña este parámetro alcanza los 10. Para los pájaros de las tablas del Anexo IV el número de Reynolds oscila entre 23 131 del avión común (Hirundinidae delinchon) y 366 992 del pigargo europeo (Haliaeetus albicilla). Algunas aves, como los ratoneros común (Buteo buteo) y calzado (Buteo lagopus), el águila pomerana (Aquila pomarina) y el cuervo común (Corvus corax), que poseen relaciones de aspecto bastante bajas (4,2-5,7), cuentan con mayor relación (L/D) al volar con números de Reynolds elevados. También se benefician de números de Reynolds más grandes las aves rápidas y pesadas como los cisnes, las cigüeñas y los pelícanos.

A título de conclusión, podemos decir que un pájaro carroñero, que gana altura en las térmicas, deberá poseer una carga alar (W/S) baja, para efectuar giros cerrados y lo ideal sería que sus alas fueran muy alargadas para beneficiarse de una alta relación de aspecto (AR) que le otorgaría una elevada relación entre sustentación y resistencia (L/D) para realizar planeos con un ángulo de caída muy pequeño. Sin embargo, unas alas muy estrechas y largas son un estorbo en el momento del aterrizaje, junto al cadáver de otro animal, en donde seguro que hay más necrófagos devorando sus restos. A fin de mejorar la relación (L/D), sin incrementar el alargamiento, las plumas primarias de las puntas se abren, dejan ranuras, lo que produce un efecto similar al de los *winglets* de los aviones. Sin embargo, un pájaro depredador que necesita velocidad de vuelo para cazar sus presas vivas deberá poseer una carga alar más elevada y alas más cortas para maniobrar cerca de tierra, evitar los obstáculos, sobre todo en vuelos rasantes, y abalanzarse sobre su presa. Del milano al buitre, hay una variada gama de aves, desde las maniobreras, capaces de evolucionar con facilidad entre las ramas de un bosque, depredadoras, hasta las planeadoras necrófagas que apenas baten las alas. En el mar, los vientos son más frescos y la superficie del agua está prácticamente libre de obstáculos. Las planeadoras marinas pueden beneficiarse de alas muy alargadas, con gran relación de aspecto (AR), y una elevada carga alar (W/S) que les permite soportar vientos frescos. Estos planeadores, como los albatros, en el mar no cuentan con térmicas importantes, pero han aprendido a extraer energía de los gradientes de velocidad del viento en altura. Hay algunos pájaros capaces de volar de forma ininterrumpida durante semanas completas; son los maestros del vuelo de aleteo. No pesan mucho, su carga alar (W/S) es moderada, su relación de aspecto es alta y vuelan con coeficientes de sustentación (CL) bajos. Los pájaros más pesados son los que soportan una carga alar (W/S) más elevada, tienen alas cuya relación de aspecto (AR) es también grande y en sus vuelos el coeficiente de sustentación (CL) es relativamente alto.

Tengo que reconocer que este es un análisis que está muy condicionado por los parámetros que suele manejar la aerodinámica cuando se aplica al vuelo de las aeronaves construidas por el hombre. La gran diferencia entre aeronaves y pájaros está en que estos últimos son capaces de cambiar su forma en pleno vuelo de un modo sustancial. Si bien el peso es un invariante, al menos durante un corto vuelo, la superficie alar y la relación de aspecto la modifican según les conviene. El coeficiente de sustentación (CL) está ligado de forma directa a la geometría y ángulo de ataque del perfil en un ala fija, pero en el caso de las aves —sobre todo en el vuelo de aleteo— este coeficiente es un parámetro que indica el nivel de destreza o habilidad que tiene que ejercer el pájaro para conseguir la sustentación que genera. Ese nivel de esfuerzo se manifiesta en la cantidad de superficie de ala que despliega en el movimiento ascendente y descendente, el modo de efectuar la torsión del ala, la frecuencia y amplitud de aleteo, la relación entre los tiempos de descenso y ascenso del ala y el ángulo de ataque de su cuerpo con respecto a la dirección del vuelo. Al menos, todas estas variables condicionan el valor del coeficiente de sustentación (CL).

Del análisis de una serie de 130 pájaros cuyos pesos varían de los 16 gramos de una golondrina a los 8-10 kilogramos de los cisnes, para los que he conseguido datos que me han permitido calcular el valor de su coeficiente de sustentación (CL) en vuelo de crucero, creo que se puede concluir que, en general, este parámetro aumenta con el peso de los voladores en la franja de 0,12 a 0,5 hasta los pájaros que pesan alrededor de un kilogramo. Sin embargo, a partir de este peso, el valor de CL crece menos y difícilmente supera la unidad con pájaros de hasta 10 kilogramos de peso, aunque en la muestra hay un águila en la que el coeficiente de sustentación llega a valer 1,5. A los pájaros les cuesta mucho alcanzar valores elevados del coeficiente de sustentación. Cuando aumenta su peso, para conseguir mantenerse en vuelo incrementan la velocidad de crucero. El problema es que esa estrategia les obliga a propulsarse con una fuerza que crece con el cuadrado de la velocidad. Esto los lleva a perfeccionar el modo en que generan la tracción lo que incide negativamente en la cantidad de sustentación que producen. Desarrollar tracción y sustentación con los mismos apéndices, las alas, tiene esos inconvenientes. El resultado es que, mientras las aeronaves fabricadas por el hombre vuelan en régimen de crucero con un coeficiente de sustentación muy parecido en todas ellas (alrededor de 0,6), en los pájaros este parámetro puede variar en un orden de magnitud: de 0,15 a 1,5.

De todas estas últimas consideraciones sobre el vuelo de los pájaros deduzco que el famoso gráfico *The Great Flight Diagram* — que puede verse en el libro de Henk Tennekes, *The Simple Science of Flight*— en el que se muestran desde los insectos hasta los grandes aviones fabricados por el hombre en un simple diagrama, no representa con mucha exactitud lo que ocurre con las aves. Si el coeficiente de sustentación del vuelo de crucero se supone que es aproximadamente constante (CL=0,6) para todos los voladores, la velocidad es proporcional a la raíz cuadrada de la carga alar (W/S). En este caso, la velocidad de vuelo de cualquier volador depende exclusivamente de la carga alar. Esta simplificación da origen al citado gráfico, pero los pájaros no parece ser que lo sigan. Casi todos ellos vuelan en crucero a velocidades que oscilan entre 10 y 20 metros por segundo.

En los siguientes apartados expondré con más detalle, el modo de vida y el vuelo que practican aves pertenecientes a especies y familias de cinco órdenes que pienso que representan bien los distintos tipos de vuelo de los pájaros.

Falconiformes

El orden de las aves falconiformes incluye 309 especies de pájaros rapaces y carroñeros. Las dos familias más representativas son la de los accipítridos y la de los falcónidos. Mientras que las especies pertenecientes a la primera familia matan las presas con sus garras las de la segunda lo hacen con el pico. Todas estas aves tienen 10 plumas rémiges primarias, 13 o 16 secundarias y, por lo general, 12 o 14 timoneras.

Los gavilanes, azores, aguiluchos, milanos, águilas, pigargos y buitres leonados, pertenecen a la familia de los accipítridos. Unas son rapaces, otras carroñeras y las hay que en su dieta incluyen animales vivos y muertos. Los gavilanes pesan alrededor de 300 gramos mientras que las águilas pueden llegar a los 5 kilogramos y los buitres doblan el peso de las águilas.

Las rapaces que habitan en los bosques como los gavilanes, dominan el vuelo a baja altura, evolucionan con rapidez y sus alas no pueden ser grandes para no tropezar con las ramas de los árboles. El gavilán común (Accipiter nisus), cuyos machos pesan unos 280 gramos, tiene las alas cortas y en su vuelo combina rápidos aleteos con planeos y giros cerrados. La velocidad y maniobrabilidad que requiere su vuelo las consigue gracias a sus alas relativamente cuadradas (AR= 5,85), en las que las rémiges de las puntas se pueden abrir para reducir la resistencia, y una cola grande. La dieta de los machos del gavilán común consiste en pájaros de 40 a 120 gramos de peso: carboneros, herrerillos, canarios o pinzones; en un año puede devorar miles de ellos. Las hembras, que son más grandes, cazan tordos, mirlos, urracas y palomas. La mayor parte de las persecuciones del gavilán fracasan, por lo que su jornada es tan agotadora como peligrosa y a lo largo de la misma alterna periodos de descanso, sobre un poste o las ramas de un árbol, con vuelos de ataque.

Si los gavilanes comunes vuelan en los bosques, entre los árboles, detrás de presas que han oteado desde una rama, los aguiluchos pálidos (Cyrcus cyaneus), que también se conocen como gavilanes rastreros, se caracterizan por patrullar en vuelo rasante espacios abiertos. Estos aguiluchos al igual que los aguiluchos cenizos (Cyrcus pygarpus) y papialbos (Cyrcus macrourus), vuelan largos trechos a muy baja altura, con las alas en forma de uve, en busca de pequeños roedores, grandes insectos, anfibios, reptiles e incluso aves no muy grandes. Sus alas son más alargadas que las de los gavilanes comunes (AR=8), ofrecen menos resistencia y así les permiten efectuar vuelos más prolongados.

El gavilán común caza en los bosques y los aguiluchos a los que me he referido anteriormente en espacios abiertos, todos ellos vuelan a baja altura, pero el vuelo del gavilán es mucho más exigente, desde el punto de vista acrobático. Estos gavilanes y aguiluchos pesan entre 200 y 500 gramos. Las rapaces de mayor peso, como el milano real (Milvus milvus) y las águilas son planeadores y avistan sus presas desde la altura que les otorga una percha elevada donde se posan. El milano real se alimenta de animales vivos y carroña. Cuando oficia de rapaz elige presas fáciles, animales enfermos y en invierno grillos cebolleros. Pesa alrededor de 1 kilogramo; sus alas son un poco más alargadas que las de los aguiluchos (AR=9,11). Las águilas, por lo general pesan más que los milanos, sus alas son más cortas y a su capacidad de planeo combinan la de maniobra.

Conforme aumenta el peso de los accipítridos, las rapaces se vuelven carroñeras, hasta llegar al buitre leonado, un necrófago que puede pasar horas y horas en el aire, a gran altura, sin mover las alas. Pesa hasta 10 kilogramos y la envergadura de sus alas alcanza los 2,5 metros. Busca térmicas para ganar altura y luego planea hacia otra térmica. Estos buitres, gracias a su extraordinaria vista, desde su atalaya observan una amplísima zona del terreno y cuando detectan la presencia de un animal muerto se dirigen hacia él con las alas extendidas siguiendo una trayectoria muy precisa. La calvicie y el cuello desnudo les permiten hundir la cabeza en el cuerpo de sus víctimas sin que apenas se ensucien sus plumas. Los jugos digestivos de estos animales son capaces de destruir casi todas las bacterias de los cuerpos enfermos que devoran. Las heces de los buitres caen sobre sus patas y contienen sustancias que las esterilizan y las protegen de la contaminación que sufren en contacto con los restos orgánicos. Las alas de los buitres leonados también son relativamente cuadradas lo que les aporta una gran sustentación a baja velocidad. Abren las rémiges de la punta de las alas para disminuir la resistencia y dada la gran superficie alar y capacidad sustentadora efectúan giros con un radio relativamente pequeño, lo que les facilita mantenerse en el interior de las térmicas.

En general, los accipítridos poseen alas con las plumas primarias en los extremos, que se despliegan y actúan a modo de *winglets* para reducir la resistencia, y no son excesivamente alargadas (AR= 5-9); su forma de vuelo varía, en función de sus hábitos alimenticios (*Figura 1-2*).

Los falcónidos constituyen otra familia importante dentro del orden de los falconiformes en la que se incluyen los cernícalos o alcotanes y los halcones. Su pico, reforzado, es un arma letal para sus presas. Se caracterizan por no hacer nidos y apoderarse de los construidos por otras aves. Muchos cernícalos practican el cernido que es un modo de vuelo en el que se mantienen inmóviles en un punto, aleteando, para localizar sus presas ante de abalanzarse sobre ellas, aunque por lo general permanecen vigilantes encaramados a una percha. Los falcónidos tienen las alas en punta y suelen alimentarse de voladores que cazan en el aire.

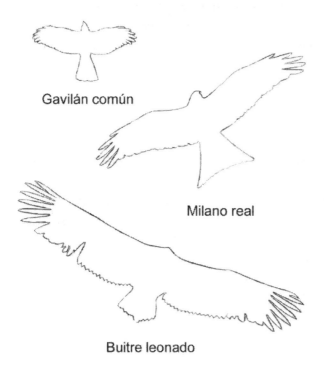

Gavilán común

Milano real

Buitre leonado

Figura 1-2 Accipítridos.

El halcón peregrino (Falco peregrinus), es más grande que los cernícalos, pesa alrededor de 800 gramos, tiene las alas en punta y sabe controlar la superficie de las mismas con gran eficacia. Se lanza en picado sobre las aves que caza en pleno vuelo, las golpea con las garras y las remata a picotazos. En sus picados puede alcanzar velocidades de más de 300 kilómetros por hora. Estas aves, al igual que casi todas las rapaces puras como los gavilanes, tienen una alta tasa de mortandad asociada a la peligrosidad de sus vuelos acrobáticos.

En un estudio liderado por la universidad de Minas y Tecnología de Freiberg, Alemania, en el que se han utilizado diversas cámaras para analizar los descensos en picado de los halcones, se ha comprobado la existencia de unas pequeñas plumas que ayudan a disminuir la resistencia de su cuerpo. Cuando el flujo del aire, alrededor de un sólido, deja de ser laminar es porque se desprende la capa límite y en esas condiciones se producen torbellinos en la parte posterior del cuerpo, que a su vez hacen que en ella disminuya mucho la presión. En estas condiciones, el cuerpo se encuentra con una auténtica barrera que lo frena, debido a la gran sobrepresión frontal y depresión posterior que se traducen en una fuerza de resistencia de presión considerable, muy superior a la de fricción. El flujo dentro de la capa límite puede ser a su vez, laminar o turbulento. Si es turbulento, la capa límite es algo más gruesa y tarda más tiempo en desprenderse. Es posible que las pequeñas plumas en la superficie dorsal de algunos halcones generen turbulencias que inducen el cambio de régimen del flujo en la capa límite, de laminar a turbulento, para retrasar su desprendimiento (*Figura 2-2*).

Anseriformes

La familia de las anátidas (Anatidae), con 156 especies, incluye la mayor parte de las aves del orden de las anseriformes. A ella pertenecen los porrones, serretas, ánades o patos, cisnes, ánsares o gansos y ocas, eíderes y barnaclas. Casi todas son aves acuáticas, palmípedas y migratorias.

De alguna forma podemos considerar que hay tres grupos de anátidas, las buceadoras, las que se alimentan desde la superficie del agua y las que se han aclimatado a espacios que se hallan fuera del medio acuático.

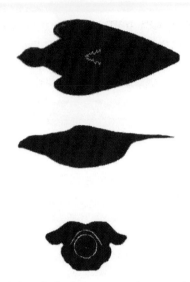

Figura 2-2. Tres vistas de halcón peregrino en picado.

Los porrones son aves buceadoras que se alimentan en aguas someras de moluscos, crustáceos, insectos y algunos de plantas acuáticas. Iniciar el vuelo desde el agua les obliga a mover de forma enérgica las patas y es un ejercicio agotador por lo que muchas veces, en situaciones de peligro, bucean para escapar. Pueden sumergirse a profundidades de hasta 5 metros. Las serretas también son buceadoras, tienen el pico alargado, con muescas, el cuerpo muy estilizado y nadan y vuelan a gran velocidad.

Los ánades o patos, igual que los cisnes, son aves acuáticas y suelen alimentarse en la superficie del agua. Sumergen la cabeza, mientras el cuerpo queda en el exterior. Para facilitar este ejercicio poseen un cuello largo. Sin embargo, no son buceadoras. Suelen ocupar hábitats en orillas de ríos de escaso caudal, con mucha vegetación, en lagos no muy profundos, e incluso en albuferas y estuarios con aguas salobres, cerca del mar.

Los ánsares o gansos y las ocas, son fitófagos por lo que se alimentan de hierbas, raíces, bulbos, plantas que flotan en el agua y granos de cereales. Pastan en lugares despejados, humedales y campos de labor. Las barnaclas viven en las costas marítimas y se alimentan de plantas acuáticas, líquenes, raíces, semillas, juncos, arbustos y grano. Por el contrario, los eider, que también se asientan en las orillas del mar se alimentan de cangrejos y moluscos.

Las anátidas practican el vuelo de forma intensiva durante las migraciones y lo ejercitan en menor medida durante su vida ordinaria, sobre todo las más acuáticas. Son aves muy pesadas, en relación con la superficie de sus alas, por lo que su carga alar es posiblemente la más elevada de los animales voladores (hasta 193 Newton/m2). Sus alas son por lo general, estrechas y alargadas, muy eficientes desde el punto de vista aerodinámico con valores de relación de aspecto (AR) en muchos casos superiores a 11 (*Figura 3-2*). La elevada carga alar (W/S) las

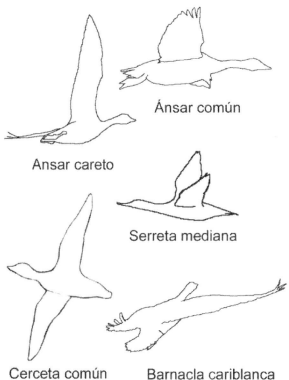

Ánsar común

Ansar careto

Serreta mediana

Cerceta común   Barnacla cariblanca

Figura 3-2. Anátidas.

obliga a volar con rapidez y con coeficientes de sustentación altos, sus alas terminan en punta y sus cuerpos están bien fuselados. Su vuelo es decidido y rápido y exige un alto consumo energético, por lo que muchas de ellas, como los gansos, vuelan en formación dibujando una uve.

Charadriiformes

A este orden pertenecen 351 especies relacionadas con zonas acuosas o el mar. Gaviotas, charranes, págalos, escúas, chorlitos, agujas y correlimos pertenecen a familias del orden charadriiformes.

Las gaviotas son pájaros que viven en zonas costeras. Se alimentan de peces, vegetales, pájaros pequeños, carroña, insectos, huevos de pájaros, ratones, pollos y desperdicios que encuentran en los vertederos. Son omnívoros. Se adentran en las zonas habitadas por el hombre, siguiendo los ríos, y en las áreas en las que están en contacto con los seres racionales han cambiado sus hábitos alimenticios: buscan el sustento en los basureros. En la costa vuelan tras los barcos de pesca para aprovechar la morralla que los pescadores tiran al mar. Son aves agresivas y muy voraces, que forman comunidades complejas. Hasta hace poco tiempo, a los charranes se les consideraba como una subfamilia de las gaviotas. Son pájaros que también habitan en espacios abiertos, humedales, cerca de los ríos y en zonas costeras.

Los págalos y escúas son aves marinas, agresivas, que se alimentan de carroña, gaviotas, charranes, huevos de cría y de otras aves acuáticas.

Los chorlitos, agujas y correlimos habitan en zonas abiertas y costeras.

Muchas de estas aves son migratorias y realizan vuelos extraordinariamente largos, como el charrán ártico o la becasina de cola barrada. Pero, además del vuelo migratorio, todas ellas vuelan a diario para sobrevivir. Son magníficos voladores, rápidos, y pueden permanecer en el aire durante mucho tiempo, aprovechando las corrientes, sin apenas batir las alas que tienen una gran relación de aspecto (AR=8-11), suelen terminar en punta, y su carga alar es moderada (W/S= 30-60 Nw/m2) (*Figura 4-2*).

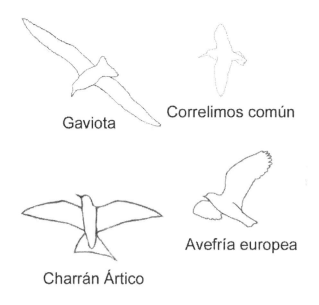

Gaviota

Correlimos común

Charrán Ártico

Avefría europea

Figura 4-2. Charadriiformes.

Procellariiformes

Dentro de este orden hay 93 especies entre las que se encuentran las de las familias Procellariidae y Diomediedae. Ambas están formadas por pájaros oceánicos como los petreles, fulmares, pardelas y albatros. Son aves marinas planeadoras, más grandes que las charadriiformes, que poseen alas estrechas y alargadas y mayor carga alar (de 40 a 140 newtons/m2) lo que les permite volar con vientos frescos. Pueden pasar largas temporadas sobre el océano, beben agua del mar y poseen glándulas que excretan el exceso de sal. Son torpes en tierra: andan con dificultad sobre sus pies palmeados.

Los albatros son aves muy grandes con envergaduras del orden de 2,5-3 metros y una carga alar (140 newtons/m2) y relación de aspecto (AR=15) muy elevadas (*Figura 5-2*). Pasan la mayor parte del tiempo en el océano, donde se alimentan de calamares, peces y krill que capturan en la superficie del agua o buceando. Para permanecer durante un tiempo muy largo en vuelo utilizan técnicas de planeo dinámico, mediante las que aprovechan los gradientes de velocidad del viento para ganar altura y desplazarse sobre el mar sin necesidad de batir las alas.

Albatros viajero

Albatros ahumado

Figura 5-2. Procellariiformes

Passeriformes

El orden de las aves passeriformes incluye en total a unas 5700 especies, aproximadamente la mitad de la totalidad de las especies de estos animales voladores. Aunque en este libro utilizamos la palabra pájaro y ave, de forma indistinta, en el lenguaje común los passeriformes representan lo que muchos denominan como pájaros. Abarcan un amplio espectro de voladores, como las alondras, canarios, jilgueros, pinzones, verderones, golondrinas, carboneros, zorzales, tordos y cuervos.

Las alas de estas aves tienen 9-10 plumas primarias y aproximadamente 12 en la cola y en las patas tres dedos hacia adelante y uno hacia atrás, prensil, con el que se sujetan con facilidad a perchas muy delgadas. La forma del pico varía en función de su régimen alimenticio que es muy variado: los hay omnívoros, como los cuervos o los tordos, que se nutren principalmente de insectos como las golondrinas, y otros comen semillas o frutos secos. En cuanto a su peso es muy variable, oscila de los 5 gramos de una mosqueta colicorta (Myiornis ecaudatus), a los 1,7 kilogramos de un cuervo común (Corvus corax). Algunas passeriformes son migratorias y otras no.

Todas se caracterizan porque tienen un vuelo muy rápido, mucho más rápido de lo que podríamos estimar en un principio en función de su carga alar que es muy reducida (17,8 newtons/m2 es el valor de la mediana de las listadas en el *Anexo IV*). En general las alas de los passeriformes poseen una relación de aspecto baja (AR=5,8 valor de la mediana en el listado del Anexo IV), aunque hay algunas excepciones como las golondrinas (7,5-8,8). Son aves que maniobran con facilidad (alas cortas y veloces), la mayoría no son buenas planeadoras, y hacen un uso intensivo del vuelo con batimiento de las alas. Vuelan en busca del alimento, para huir de los depredadores o para migrar, en algunos casos.

Capítulo 3

Navegación y migraciones

El sentido de la orientación

Los pájaros tienen la capacidad de dirigirse de forma muy precisa a un destino concreto. Han desarrollado un sistema de navegación eficiente, necesario para para realizar vuelos de largo recorrido. El ornitólogo danés, Finn Salomonsen, realizó experimentos con dos especies de golondrinas de mar: el charrán sombrío (Sterna fuscata) y la tiñosa común o gaviotín de san Félix (Anous stolidus). Tras separar de sus nidos, en las islas Tortugas del Golfo de México, a varios de estos individuos distancias de 832 a 1368 kilómetros, la mayor parte de ellos fueron capaces de regresar al punto de partida desde lugares ubicados en mar abierta. Pero quizá, el experimento de este tipo más sorprendente fue el de una pardela pinocheta (Puffinus puffinus), que la trasladaron desde su nido —en la isla galesa de Skokholm— a Boston, Estados Unidos. Al cabo de 12 días, 12 horas y 31 minutos, y tras un vuelo ininterrumpido a través del Atlántico de 5000 kilómetros, regresó al lugar del que había partido. En los experimentos de desorientación, aunque a los pájaros se les anestesie durante el apartamiento o se les haga girar sobre sí mismos de forma continuada para marearlos, casi todos consiguen regresar al punto de partida.

Algunos pájaros migran en bandadas y los adultos pueden guiar a los más jóvenes, pero otros, como muchos passeriformes, lo hacen de noche, en solitario; además, los jóvenes inician el viaje antes que los mayores. En estos últimos casos, la capacidad de orientación no puede ser aprendida y los pájaros tienen que nacer con ella. Perdeck realizó una serie de experimentos (1958) con más de 10 000 estorninos europeos capturados en Holanda, cerca de La Haya. Al principio de su migración otoñal tomó un grupo de estos pájaros y los desplazó centenares de kilómetros hacia el este. Al reemprender el vuelo, los jóvenes mantuvieron el rumbo inicial, mientras que los adultos lo corrigieron para llegar a su destino: España; los jóvenes terminaron el viaje en Italia. Al parecer, la habilidad para tomar una dirección determinada cuando inician su migración es innata, sin embargo la destreza para navegar y corregir el rumbo es algo que adquieren con la experiencia.

La mayoría de los animales, en sus desplazamientos, suelen utilizar la visión, el oído —y quizá en menor medida el olfato— para determinar el punto en que se encuentran y el camino que tienen que seguir para dirigirse al destino elegido. La vista les proporciona marcas y señales cuya posición relativa en la imagen debe guardar un orden que conocen para alcanzar su objetivo. A veces estas marcas son cadenas montañosas como los Apalaches, las Montañas Rocosas, la sierra Madre, los Andes, los Alpes, el Himalaya, o las montañas del Gran Valle del Rift. Estas grandes cordilleras señalan el camino a muchas aves durante sus largas migraciones, al igual que lo hacen los ríos y las líneas costeras. Conforme el animal se acerca a su destino, un lugar familiar cuyos alrededores ha memorizado con detalle, será capaz de reconocer una gran cantidad de marcas que le facilitarán la aproximación final al punto que desea alcanzar. También parece que todos los animales cuentan con un pequeño sistema inercial ubicado en el oído que registra las aceleraciones que se producen con cada cambio del sentido de la marcha. La memorización de las modificaciones de rumbo les permite acceder a un sitio o regresar al punto de origen de su excursión. En cuanto al olfato, la capacidad de las aves para detectar determinados olores es un asunto que ha sido objeto de discrepancias. Se han realizado experimentos (Nevitt y Bonadonna, 2005) con pájaros marinos como los patos petreles antárticos (Pachyptila desolata), en los que se ha podido comprobar que son capaces de detectar pequeñas concentraciones de sulfato de dimetilo; una sustancia química relacionada con el fitoplancton cuya presencia indica la existencia de actividad orgánica en las aguas. Durante años se pensó que los buitres americanos padecían de anosmia, pero posteriormente se comprobó que percibían el olor del mercaptano, una sustancia maloliente que se añade al gas natural por razones de seguridad. El mercaptano, que hace que los buitres acudan allá donde se producen fugas en los gaseoductos, también está presente en el hedor de la carne en descomposición, alimento natural de estos carroñeros. Otros experimentos efectuados con palomas parecen indicar que estas aves emplean las sensaciones olfativas como señales que les indican tanto de que se aproximan a su destino como de que no han llegado (Holland et al. 2009).

Sin embargo, ni el reconocimiento visual de marcas, ni la navegación inercial, ni el olfato, bastan para que los pájaros puedan llevar a cabo viajes de miles de kilómetros, en días claros y nublados, noches despejadas y brumosas, sobre la tierra o el mar, y con vientos que pueden soplar en muchas direcciones. Se ha llegado a la conclusión de que además del reconocimiento de imágenes, un sistema de navegación inercial y el olfato, las aves cuentan con brújulas magnéticas que les suministran información acerca del rumbo que siguen y el hemisferio en el que se encuentran, sus retinas captan luz polarizada que les permite orientarse y ajustar sus brújulas internas, conocen las posiciones de las estrellas y saben determinar el rumbo que marca la huella del sol en el horizonte.

Brújulas internas de las aves

La idea de que las aves poseen una brújula magnética interna, que les permite orientarse con el campo magnético terrestre, la sugirió por primera vez von Middendorff en 1859. Desde entonces, los científicos creen que las aves utilizan el magnetismo de la Tierra para navegar.

Hace ya mucho tiempo que se sabe que los pájaros encerrados en jaulas durante los periodos migratorios se muestran muy inquietos por la noche. En 1949, Gustav Kramer demostró que los alcaudones rosirrojos (Lanius collurio) y las currucas capirotadas (Sylvia atricapilla), enjauladas, se posicionaban por las noches, cuando era la época de migrar, en la dirección que correspondía al rumbo con el que iniciaban el vuelo migratorio. Stephen T. Emlen y John T. Emlen, idearon unas pajareras de paredes tronco cónicas de papel, planta circular y suelo entintado, para embadurnar las patas del pájaro, cuyas marcas quedaban en las paredes al intentar el vuelo en alguna dirección. El plano superior podía dejarse al aire libre o servir de pantalla para proyectar un cielo estrellado virtual. Durante la época migratoria era fácil distinguir la dirección que intentaba seguir el ave por las marcas de tinta que dejaban sus patas en la pared.

La primera demostración de que los pájaros utilizan el campo magnético terrestre para orientarse se obtuvo mediante ensayos con petirrojos europeos (Erithacus rubecula). Este pájaro se cría en toda Europa y las poblaciones del norte pasan el invierno en los países mediterráneos. En sus migraciones otoñales vuelan hacia el suroeste y en primavera hacia el noreste. Encerrados en jaulas con las paredes cónicas, los petirrojos marcan las paredes con patas en sus intentos por salir volando en una dirección determinada. Sometidos a un cambio artificial en la dirección del campo magnético de 120 grados, los pájaros tratan de iniciar sus vuelos durante el periodo migratorio con un error de 120 grados.

Wolfgang Wiltschko y Roswitha Wiltschko, de la universidad de Frankfurt, han comprobado mediante experimentos que los pájaros también son sensibles a la componente vertical del campo magnético de la Tierra. Dicho campo se dirige hacia el centro de la Tierra en el hemisferio norte y hacia arriba en el sur. Si en el hemisferio norte invertimos el sentido de la componente vertical del campo magnético, los petirrojos se dirigen hacia el sur al iniciar la migración primaveral, al revés de cómo lo harían con el campo magnético terrestre sin alterar. Sus experimentos también demostraron que los petirrojos son sensibles a la intensidad del campo magnético. En el lugar donde se llevaron a cabo estos ensayos (Frankfurt, Alemania) la intensidad del campo magnético terrestre es de unos 46 000 nanoteslas (nT) y los pájaros se desorientaban si este valor se variaba con rapidez más de un 30%. Además, los investigadores comprobaron que para que los petirrojos pudieran orientarse con el campo magnético era necesario que el ambiente estuviera iluminado con una luz de alta frecuencia: ultravioleta (373 nanómetros (nm)), azul (424 nm), turquesa (502 nm) o verde (565 nm). Sin embargo, con iluminaciones con longitudes de onda superiores al amarillo (590 nm), los pájaros se desorientaban.

Los experimentos de David Dickman y Le-Qing Wu del Baylor College de Houston (2012), Tejas, con palomas bravías (Columba livia), han demostrado que cuando las palomas se someten a cambios del campo magnético, generados artificialmente, hay un área de su cerebro que se muestra muy activa. Los resultados constatan la existencia de un procesador de señales magnéticas en el cerebro de las palomas bravías. Además, las señales alcanzan su máxima amplitud cuando el campo magnético tiene la misma orientación que el terrestre.

Pero, ¿dónde están los sensores que transmiten la información del campo magnético al cerebro? Quizá no se encuentren en el mismo sitio en todas las aves, y se ha sugerido que podrían ubicarse en el pico, el oído o en la retina. Durante algún tiempo se pensó que las palomas tenían en el pico células muy ricas en hierro, con propiedades magnéticas; sin embargo, los estudios más recientes apuntan a que las células magnéticas podrían residir en la retina. En las de algunos pájaros existe una proteína fotosensible denominada criptocromo. La proteína posee pares de electrones entrelazados, uno gira (espín) en un sentido y el otro en el contrario. Cuando la proteína criptocromo recibe un haz de fotones (partículas luminosas) de luz verde o azul, uno de los electrones acoplados puede absorber la energía del fotón y abandonar la molécula; quedan así radicales libres, que son sensibles a los campos magnéticos. Estos radicales vuelven a unirse, con lo que se libera energía que el nervio óptico transporta al cerebro. El campo magnético terrestre acelera el proceso de acoplamiento de radicales, en mayor medida cuando la cabeza del pájaro está alineada con él. Con la cabeza del ave apuntando al norte magnético, la intensidad de la energía que el nervio óptico transmitiría al cerebro sería máxima y el pájaro "vería" una especie de sombra o mancha superpuesta al paisaje.

Los experimentos de Katrin Stapput y sus colaboradores, en Alemania (2010), con petirrojos europeos (Erithacus rubecula) apoyan la hipótesis de que existe una clara relación entre la visión y la capacidad de estos pájaros para orientarse con el campo magnético terrestre. Descubrieron que los pájaros con el ojo izquierdo tapado se orientaban sin ninguna dificultad, pero cuando perdían la visión del derecho no eran capaces de hacerlo. También llegaron a la conclusión de que no bastaba con la luz, sino que el ojo derecho necesitaba vislumbrar formas y contornos para que funcionara la brújula interna del animal. Sin embargo, no todos los pájaros presentan esta asimetría ocular.

Asimismo, se ha comprobado que radiaciones electromagnéticas, relativamente débiles, producen interferencias importantes en la capacidad de orientación de los petirrojos, lo cual se explicaría por la alteración del proceso de formación y destrucción de radicales libres que causan dichas radiaciones. Este tipo de emisiones radioeléctricas son las que se encuentran en entornos urbanos, producidas por equipos electrónicos de consumo, en frecuencias que llegan a los 5 mega hertzios. Los científicos han demostrado que con niveles de interferencias inferiores a los normalmente permitidos por la legislación vigente, el sistema de orientación magnético de los petirrojos queda completamente inhibido.

Que las aves emplean el campo magnético terrestre para orientarse es algo que está probado, lo que no se conoce todavía con suficiente detalle es el funcionamiento de su sistema magneto-receptor. Es posible que los pájaros dispongan de otros sensores distintos a la proteína criptocromo; podrían ser células que contengan magnetita ubicadas en el pico o el oído.

Además de la brújula magnética, los pájaros también se orientan con las estrellas. El etólogo Stephen Emlen realizó una serie de experimentos con azulejos índigo (Passerina cyanea) que demostraron que dichos pájaros utilizaban las estrellas para orientarse al iniciar los vuelos migratorios. Los pájaros crecieron en una jaula con forma de tronco cónico invertido. En el círculo superior se proyectaba la imagen de las estrellas del hemisferio norte, girando alrededor de la Polar durante la noche. Cuando llegaba el momento de la migración se mostraban muy activos y trataban de salir en una dirección determinada que se podía ver por el lugar de la jaula que las aves marcaban en sus intentos fallidos por iniciar el vuelo. Emlen demostró que, para elegir el rumbo, tomaban como referencia la estrella Polar que, desde jóvenes aprendían a reconocer por permanecer quieta en el firmamento, en tanto que las otras giraban en torno a ella. Si hacía que las estrellas del planetario orbitaran alrededor de Betelgeuse, en vez de la Polar, los pájaros adultos tomaban a esta como referencia para determinar el rumbo del inicio de sus migraciones. Ni siquiera necesitaban verla, ya que les bastaba con observar la posición relativa de las otras estrellas y constelaciones. En cualquier caso, la habilidad para orientarse mediante las estrellas se adquiere a través del aprendizaje. Hay pájaros que migran por la noche y sabemos que se orientan principalmente gracias a las estrellas, como los azulejos índigo que estudió Emlen, los charlatanes (Dolichonyx orxzivorus; Beason 1987), las currucas mosquitereas (Sylvia borin; Weindler et al. 1997) y los gorriones sabaneros (Passerculus sandwichensis; Able y Able 1996).

Las aves también utilizan la posición del sol para orientarse. En 1950, Kramer demostró por primera vez que algunos pájaros, como los estorninos europeos Sturnus vulgaris), utilizan la luz que proyecta el sol en el horizonte para determinar la dirección del vuelo. En su experimento utilizó espejos para alterar la posición de la marca solar y comprobó que los estorninos cambiaban el rumbo. Si adelantaba o retrasaba el sol artificial en 6 horas, con respecto al real, los estorninos cometían un error de 90 grados en el rumbo, lo que demostraba que se orientaban tomando la posición del sol como referencia. Para orientarse con el sol, el pájaro necesita un reloj interno porque en función de la hora, el sol indica una dirección distinta. A las doce del mediodía marca el sur, al amanecer, se acerca al este y durante la puesta al oeste. Para hacer un uso práctico de la posición del sol sobre el horizonte y deducir en un momento determinado la dirección que marca, es necesario saber qué hora es. Con estos dos datos, un pájaro puede orientarse. Todos los animales poseen un reloj interno que, con un periodo de aproximadamente 24 horas: el ritmo circadiano. En ausencia de estímulos externos, el ciclo circadiano, funciona en modo de *libre curso*, y es la genética de cada especie la que determina su periodicidad. Sin embargo, el ciclo se ajusta a las variaciones de luminosidad y calor, del entorno. Este ajuste implica que el ciclo adapta su periodo y fase al día solar. Cuando se producen cambios abruptos entre la fase del ciclo circadiano y la del entorno (desplazamientos que implican un cambio horario significativo o inducidos para la realización de experimentos), el ciclo circadiano se adapta a la nueva fase del entorno, aunque tarda un cierto tiempo en hacerlo porque no es capaz de adelantar o atrasar más de 60 a 90 minutos diarios.

Algunos pájaros, como las palomas bravías (Columba livia) se orientan bien con el sol. El experimento de Schmidt-Koenig (1958) demostró que lo utilizaban para hacerlo y que poseían un reloj interno. Durante el ensayo se sometió a un grupo de palomas a un proceso de cambio de horario, en un entorno artificial que reproducía el ciclo solar, pero con seis horas de cambio de fase. A las seis de la tarde solares, para ellas el sol artificial estaba en el cénit y eran las doce del mediodía. Así permanecieron suficiente tiempo para que su organismo se adaptara al nuevo horario. Cuando se liberaron las palomas, se pudo comprobar que se equivocaban al tomar los rumbos. Para estas palomas, confundidas, su reloj interno les decía que el sol marcaba el sur a las seis de la tarde, cuando en realidad se encontraba muy al oeste. Siempre que deseaban viajar al sur se movían hacia el oeste y todos los rumbos los tomaban con un error de 90 grados. La destreza de estos pájaros para orientarse con el sol la adquieren muy pronto: son capaces de hacerlo a partir de las 12 semanas de vida.

La luz polarizada también desempeña un papel importante en los mecanismos de orientación que emplean algunas aves. La luz que llega a la atmósfera terrestre, desde el sol, es una radiación electromagnética en la que el campo eléctrico oscila de igual manera en cualquier plano que pase por la línea que marca la dirección que sigue. Cuando penetra en la atmósfera, las moléculas de vapor de agua que encuentra a su paso dispersan la luz. El campo eléctrico de los rayos luminosos que siguen la dirección que llevaba antes, después de interceptar la molécula, también vibra en todas las direcciones. Sin embargo, el campo eléctrico de los rayos de luz dispersados ya no vibra en todas las direcciones; el campo eléctrico de los rayos que parten con un ángulo de noventa grados, solamente vibra en un plano. Este fenómeno se conoce como polarización: luz polarizada es aquella en la que el campo eléctrico no vibra en todos los planos. En los equinoccios, al amanecer o al atardecer, la luz pasa sobre un observador situado en la superficie de la Tierra en dirección este-oeste y en la opuesta; el plano perpendicular a esta dirección es el que contiene un porcentaje mayor de luz polarizada y por lo tanto la luz que proceda de puntos sobre la bóveda celeste hasta el horizonte situados en el plano norte sur será la que contenga un porcentaje mayor de polarización. Por el contrario, con el sol en su cénit al mediodía, la luz más polarizada es la que recibe el observador procedente del horizonte. A lo largo del día, la cantidad de luz polarizada que recibimos de la bóveda celeste sigue un patrón que cambia en función de la posición del sol.

Muchos animales poseen un sistema de visión capaz de detectar la luz polarizada, mediante los dobles conos de la retina y algunos investigadores han demostrado que hay pájaros que la emplean para ajustar sus brújulas. No está claro que las aves hagan uso de la luz polarizada para orientarse durante el día, cuando está nublado y les resulta difícil determinar la posición del sol. Lo que sí se ha demostrado es que en determinados momentos de la jornada algunos pájaros recurren a la luz polarizada para corregir su rumbo. Los gorriones sabaneros (Passerculus sandwichensis; Muheim et al. 2006), los zorzalitos de Swainson (Catharus ustulatus; Cochran et al. 2004) y los gorriones gorgiblancos (Zonotrichia albicollis; Muheim et al. 2009) utilizan la luz polarizada durante el amanecer y la puesta del sol para corregir sus brújulas magnéticas. En primavera y otoño, que es cuando suelen migrar las aves, al amanecer y al atardecer el sol se halla muy próximo al este y al oeste, respectivamente, por lo que la mayor cantidad de luz polarizada se recibe en el plano norte-sur, que contiene los rumbos que suelen seguir las aves migratorias.

Los pájaros migratorios utilizan varias fuentes de información para orientarse: compás magnético, solar, celeste y luz polarizada. A veces, estos sistemas generan información contradictoria lo que les obliga a tomar decisiones y establecer prioridades. Los resultados de los experimentos de Rachel Muheim, Frank R. Moore y John B. Phillips (2005), sugieren que antes de migrar la información del compás celeste es la que prevalece sobre las demás, tanto en los pájaros adultos como en los jóvenes. Durante la migración esta prioridad se invierte y el compás magnético prevalece sobre el celeste. A lo largo de la migración, si los pájaros tienen una visión clara del horizonte, utilizan la información que les proporciona el patrón de luz polarizada, durante la puesta del sol, para calibrar el compás magnético. En caso de que no la tengan, es el compás magnético el que prevalece sobre los demás y el que emplean para seguir el rumbo. Hay veces en las que si el conflicto entre los distintos compases subsiste o la meteorología impide a las aves el acceso a alguno de ellos, los pájaros interrumpen su viaje, hasta que se resuelve el conflicto.

Navegación

La brújula magnética, las estrellas, el sol o la luz polarizada permiten que el pájaro siga un rumbo determinado, pero esos mecanismos no le garantizan que vaya a llegar a ninguna parte. Para navegar a un destino específico es necesario conocer el rumbo a seguir en todo momento, porque el rumbo inicial, debido al viento o a cualquier error en la orientación de partida y de navegación, deja de ser válido al poco tiempo de comenzar el viaje. Además, para dirigirse a un lugar determinado, donde el pájaro no ha estado nunca, debe disponer de algún sistema que le permita identificar el rumbo a seguir para alcanzar su destino. Nosotros utilizamos la latitud y la longitud, para situarnos sobre la superficie de la Tierra, que son arcos de circunferencia medidos desde el ecuador (latitud) y desde un meridiano de referencia (longitud). Para determinar la latitud de un punto nos basta con observar la altura de la estrella Polar (en el hemisferio norte) o la del sol, al mediodía (en cualquier hemisferio). Sin embargo, no podremos saber en qué longitud nos encontramos si no llevamos con nosotros un reloj que marque la hora de un meridiano de referencia (Greenwich). La diferencia horaria a las 12 del mediodía local (cuando el sol está en su posición más alta) y la que marque el reloj de referencia, en ese momento, nos permitirá calcular la longitud ya que sabemos que el sol recorre 15 grados cada hora.

Es posible que los pájaros no determinen la longitud y latitud en que se encuentran para situarse. En realidad no lo sabemos. Sin embargo, ya hemos visto que las aves también disponen de un reloj interno, como casi todos los seres vivos, que es su ritmo circadiano. Además hacen uso de él para utilizar la brújula solar. Dicho reloj circadiano, en un viaje migratorio, les puede advertir de la diferencia entre el horario local y el que había en el punto que iniciaron el trayecto. Con ese dato ya dispondrían del desplazamiento hacia el este o el oeste; la altura del sol del mediodía les facilitaría el arco recorrido en la dirección norte sur. Quizá este sea el mecanismo de localización que emplean algunos pájaros, pero no podemos asegurarlo. Existen otras alternativas.

Casi todos los científicos que han estudiado los asuntos relacionados con la capacidad para orientarse de los pájaros coinciden en que estos animales poseen mecanismos muy sofisticados para percibir el campo magnético terrestre. De dicho campo detectan la intensidad y sus componentes vertical (inclinación) y horizontal. El campo magnético de la Tierra puede asimilarse al de un dipolo inclinado unos 10 grados con respecto al eje de rotación. Las líneas del campo salen del Polo Norte del dipolo, situado en el sur geográfico y se dirigen al Polo Sur del dipolo, o norte geográfico. La intensidad es máxima en los polos y mínima en el Ecuador. Nosotros estamos acostumbrados a utilizar una brújula, o compás, en el plano horizontal, que se orienta en la dirección que tiene el campo magnético en el punto donde nos encontramos, pero la aguja en el plano vertical nos marca la inclinación. En el plano horizontal, la brújula se orienta hacia el norte magnético y para obtener el norte verdadero o geográfico hay que corregirlo con la declinación del lugar que cambia, año tras año. Estas declinaciones se consideran positivas cuando la desviación es hacia el este y negativas hacia el oeste.

La intensidad del campo magnético terrestre, o fuerza, se mide en nanoteslas (nT) y varía sobre la superficie de la Tierra con valores comprendidos en la franja de 25 000 y 65 000 nT. Hay cartas que representan líneas que unen puntos de igual valor para alguna de las variables del campo magnético sobre la superficie de la Tierra. Las cartas de isodinámicas presentan líneas en las que la intensidad de campo es la misma; las hay para la intensidad total, vertical y horizontal. Las cartas de isoclinas muestran líneas en las que la inclinación magnética es constante. La inclinación es el ángulo, con respecto al plano horizontal, del vector que representa el campo magnético. Es hacia abajo en el hemisferio norte y hacia arriba en el sur y varía de (+90º) a (-90º) cuando nos movemos del Polo Norte al Polo Sur, siendo de 0º en el Ecuador. Las cartas de isógonas marcan las líneas en las que la declinación magnética es constante. La declinación es el ángulo que forma la dirección del campo magnético terrestre con el norte geográfico (positiva hacia el este, negativa en sentido contrario). De la observación de este tipo de cartas magnéticas de la Tierra podemos constatar que, en muchas partes del mundo dos de ellas, muestran líneas que se cortan formando una especie de malla. Dicha malla define puntos sobre la Tierra caracterizados por dos valores del campo magnético únicos, al menos para cada hemisferio. Si el ave posee la información de dichos valores, para dirigirse a ese lugar tiene que orientar su rumbo de modo que al desplazarse ambos varíen según la magnitud que tengan en el destino; para lo que el pájaro necesita detectar el gradiente (la variación), de las variables del campo magnético.

Cordula V. Mora y Verner P. Bingman, de la universidad estatal de Bowling Green, Ohio, han realizado experimentos con palomas (Columba livia) que demuestran su capacidad para detectar las variaciones de la intensidad del campo magnético (2013). Las palomas de sus ensayos fueron capaces de aprender a moverse en el área experimental siguiendo la dirección en la que el campo magnético —creado artificialmente— aumentaba, o disminuía, para alcanzar el comedero en donde se hallaba el premio. A unas aves se las entrenó para buscaran el comedero en la dirección en la que el campo magnético aumentaba y a otras en la dirección en que disminuía. En ambos casos las palomas supieron encontrar el premio. Este experimento demuestra que la hipótesis de que las aves utilizan un mecanismo relacionado con la intensidad del campo magnético terrestre para orientarse y navegar tiene un fundamento sólido, aunque aún se desconozca cómo funciona con detalle.

Si tomamos una carta de isógonas (líneas de igual intensidad) e isoclinas (líneas de igual inclinación) del campo magnético terrestre en la Europa occidental, podemos observar la existencia de una malla. En la *figura 1-3* se presentan las isógonas (con líneas a trazos), espaciadas 1000 nT, y las isoclinas (con líneas continuas), espaciadas 2 grados. Un vuelo migratorio de un ave que se traslade del norte de la península escandinava a España puede definirse mediante el desplazamiento de un punto de coordenadas (77°, 53 000 nT) a otro de coordenadas (56°, 45 000 nT), en la malla definida por la inclinación y la intensidad del campo magnético terrestre. Son dos variables magnéticas que las aves detectan y por tanto podrían utilizarlas para navegar.

Los sistemas de orientación y navegación que emplean en la realidad las aves son muy complejos y el nivel de información que se tiene de los mismos es bastante limitado. Todo parece indicar que han desarrollado un sexto sentido, el magnético, cuya percepción podría estar relacionada con la vista o con el oído, incluso con ambos, y que desempeña un importante papel en la construcción de mapas que les permite dirigirse a lugares prestablecidos desde posiciones muy alejadas. Pero este sentido magnético no es la única herramienta que disponen para orientarse ya que hacen uso de otros mecanismos para navegar, en función de la meteorología, sus hábitos de desplazamiento, nocturnos o diurnos, y las preferencias de cada especie.

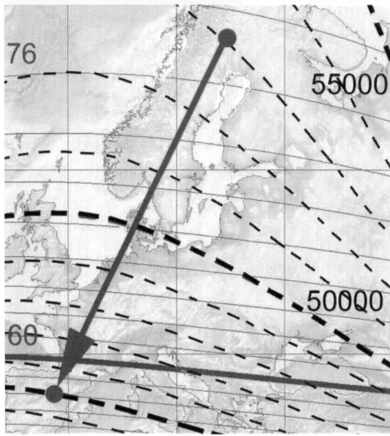

Figura 1-3. Isógonas (líneas a trazos) e isoclinas (líneas sólidas) del campo magnético terrestre en la Europa occidental.

Migraciones

Los pájaros migran en busca de un entorno más favorable para su vida cotidiana. Casi todas las aves migratorias se mueven en primavera a lugares en los que abundan los alimentos, el clima es templado, el día alarga y hay espacios apropiados para ubicar sus nidos; allí se emparejan y crían a los pollos. Muchas, en invierno, los abandonan y se establecen en regiones más cálidas. Algunas aves hacen largos viajes, cada temporada, de latitudes polares a los trópicos y otras se desplazan con mayor lentitud, según acorte o alargue el día, o siguiendo los frentes

80

meteorológicos. Sin embargo, no todas las migraciones se mueven en la dirección norte-sur. Hay pájaros que se trasladan de zonas lluviosas a lugares secos y otros de las montañas a los valles.

Para la mayoría de las aves, migrar es un ejercicio difícil y peligroso. En todas las migraciones un porcentaje elevado de individuos no logra alcanzar su destino. Esa es la razón por la que muchos pájaros efectúan el trayecto con la mayor rapidez posible, vuelan de noche para evitar a los predadores o en grandes bandadas.

La mayoría de las aves vuelan a velocidades de 30 a 60 kilómetros por hora, y pueden mantenerse en el aire durante días enteros, por lo que en sus migraciones son capaces de recorrer distancias de miles de kilómetros y salvar obstáculos geográficos que para otros animales suponen barreras infranqueables.

Son muchas las aves que recorren largas distancias, sin hacer ninguna escala, en sus vuelos migratorios: becasinas de cola barrada, de Nueva Zelanda al norte de China, halcones, de la India a las costas de Somalia, cucos, de Nueva Zelanda a Samoa, pájaros cantores, de Canadá a las islas del Caribe, colibríes, a través del Golfo de México o corremolimos, de las islas británicas al Ártico canadiense. De las aves que migran del norte de Europa al África tropical, algunas como los halcones cruzan el Mediterráneo, pero otras como las cigüeñas y bastantes águilas, que son planeadoras y se auxilian de las térmicas, pasan al continente africano por Turquía y los países de la costa oriental mediterránea o a través del estrecho de Gibraltar.

Las aves que efectúan largas migraciones en un tiempo relativamente corto deben de proveerse de grasa antes de emprender el viaje. Durante el periodo de engorde el peso de su cuerpo llega a doblarse. De este modo el animal almacena las grasas y proteínas, el combustible, que necesitará consumir durante la migración.

En la *figura 2-A3* podemos apreciar que la potencia necesaria para el vuelo, en función de la velocidad, tiene forma de U. Cabe distinguir dos velocidades de vuelo: la de potencia mínima y la de alcance máximo. La velocidad de alcance máximo es superior a la de potencia mínima. En un experimento realizado por Thomas Alerstam se comprobó que la mayoría de las aves migran a velocidades próximas a la de alcance máximo, mientras que la velocidad de mínimo consumo es la que emplean cuando se establecen. Esta última velocidad les permite maximizar el tiempo de permanencia en el aire (máxima autonomía). Cuando el pájaro migra desea llegar a su destino lo antes posible mientras que cuando busca alimento, desde el aire, le interesa maximizar el tiempo de vuelo.

Las distancias que recorren las aves en sus migraciones suelen ser grandes. Hay algunas especies que se mueven menos de un centenar de kilómetros, pero lo normal es que lo hagan miles de kilómetros. Entre las primeras se encuentran varias especies de pájaros mosquiteros que anidan en el Himalaya a más de 2000 metros de altura y descienden a las faldas de la cordillera en invierno; entre las segundas hay aves como la becasina de cola barrada (Limosa lapponica), la collalba gris (Oenanthe oenanthe), el charrán ártico (Sterna paradisaea), el cernícalo del Amur (Falco amurensis), la pardela de Tasmania (Puffinus tenuirostris), el combatiente (Philomachus pugnax), el gavilán langostero (Buteo swainsoni) y el vencejo alpino (Apus melba), cuyos vuelos migratorios son difíciles de explicar desde el punto de vista de la navegación aérea y el consumo energético. En la *figura 2-3* se representan las rutas migratorias que siguen algunas de estas aves.

Becasina de cola barrada

Tuvieron que transcurrir unos veinte años desde los experimentos de Piersa y Jukema con becasinas de cola barrada, en sus vuelos migratorios de Mauritania a Holanda, para que, gracias al GPS y al desarrollo de equipos electrónicos de seguimiento muy ligeros, los científicos pudieran observar —vía satélite— los vuelos migratorios de estos pájaros a través del océano. En el año 2007, el biólogo norteamericano Bob Gill y Phil Battley, de la Universidad Massey de Nueva Zelanda, siguieron el vuelo de 16 becasinas, desde Nueva Zelanda hasta el Mar

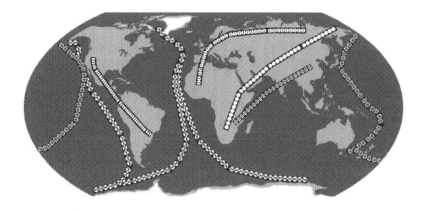

Oenanthe oenanthe		Collalba gris
Sterna paradisaea		Charrán (gaviotín) Ártico
Falco amurensis		Cernícalo del Amur
Puffinus tenuirostris		Pardela de Tasmania
Philomachus pugnax		Combatiente
Buteo swainsoni		Gavilán Langostero

Figura 2-3 Rutas migratorias.

Amarillo, en China. Aunque la distancia es de 9575 kilómetros, los pájaros efectuaron una ruta, sin escalas, de 11 026 kilómetros. Se trataba del vuelo animal más largo que jamás se había registrado. Algunos científicos suponían que estos vuelos ocurrían en la realidad, pero no se pudieron constatar hasta que los ornitólogos dispusieron de radiolocalizadores con baterías de larga duración, suficientemente ligeros. Fue un récord de corta duración. El estudio había terminado pero los transmisores siguieron instalados en los pájaros. Las baterías se agotaron tal y como estaba previsto, salvo la de una de las aves que continuaría emitiendo, vía satélite, su posición. A los científicos la suerte les deparaba una buena sorpresa. Las señales procedían del equipo que portaba una hembra de la bandada a la que se le había colocado el identificador E7. Después de reponerse en Asia, del largo vuelo desde Nueva Zelanda, reemprendió un viaje de 5000 kilómetros hasta Alaska. Allí pasó el verano y el 29 de agosto voló, sin hacer ninguna escala intermedia desde la península de Avinof, en la Alaska occidental, hasta el río Piako, cerca de Thames, en Nueva Zelanda. En total había recorrido 11 680 kilómetros, en 8,1 días, y su vuelo estableció otro nuevo record.

¿Cómo es posible volar durante casi nueve días consecutivos a unos 50 kilómetros por hora, sobre el mar, y acertar con un destino elegido que se encuentra a más de 11 000 kilómetros de distancia del punto de partida? Unas 70 000 becasinas lo hacen todos los años, de Alaska a Nueva Zelanda. Es un viaje peligroso, los expertos consideran que la mitad de las aves migratorias que recorren largas distancias perecen en el viaje; quizá un modo de reducir la tasa de mortalidad consista en efectuar el traslado en una sola etapa. Según Phil Battley, durante el vuelo las becasinas pierden un 50% de su peso, duermen con la mitad del cerebro despierto, se orientan con las estrellas del cielo —cuya posición conocen en ambos hemisferios—, y con el sol durante el día. El régimen general de vientos les favorece, con la excepción del tramo inicial. Esta dificultad la resuelven esperando a que se forme algún ciclón en el Golfo de Alaska para empezar el viaje. Una vez que llegan a la zona de los alisios, en ambos hemisferios, las corrientes les serán favorables. El peor tramo lo pasan en la franja ecuatorial por la falta de vientos, y allí se ven obligadas a batir con más frecuencia las alas para mantener la velocidad de crucero.

Pero, lo más sorprendente es que desde aquel descubrimiento hemos aprendido que la aguja café o zarapito pico recto (Limosa haemastica) que normalmente emigra de América del Norte a América del Sur, hay veces que se confunde: siempre hay alguna que aterriza en Nueva Zelanda como si de una becasina de cola barrada se tratase. Aún más, al parecer, el chorlito dorado (Pluvialis fulva) también es capaz de volar de Alaska a Australia, a través del océano, sin escalas. Por lo que la becasina no es el único pájaro que cruza, sin detenerse, el océano Pacífico.

Collalba gris

La collalba gris (Oenanthe oenanthe) es un ave de percha pequeña, passeriforme, de unos 23 gramos de peso, cuya envergadura alcanza los 28 centímetros, aproximadamente. Cría en lugares abiertos del norte de Europa, Asia y América. Migra de agosto a septiembre hacia el sur hasta alcanzar el África tropical. Vuela de noche. Estos pequeños pájaros realizan durante sus migraciones viajes de hasta 30 000 kilómetros, desde Alaska, Siberia y el norte de Europa, hasta los trópicos africanos. Todas las collalbas que crían alrededor del Ártico realizan un largo vuelo para refugiarse en África durante el invierno. Con diminutos dispositivos electrónicos de 1,2 gramos de peso, capaces de registrar la intensidad de la luz, los científicos han podido comprobar que las collalbas efectúan estos largos vuelos migratorios. Las que se aparean en Alaska recorren unos 13 500 kilómetros, pero las del este de Canadá y Groenlandia, tienen que efectuar a través del Atlántico Norte un peligroso viaje en el que mueren muchos individuos. Para migrar, necesitan prepararse acumulando grasa hasta doblar el peso de su cuerpo.

Charrán o gaviotín ártico

Estos pájaros, de unos 100 gramos de peso, han desconcertado a los científicos. Todos los años migran del Polo Norte al Polo Sur cruzando el océano Atlántico y regresan al Polo Norte por el Pacífico. Pueden recorrer unos 80 000 kilómetros al año y vivir más de 30, lo que supone que muchos de estos pájaros vuelan durante su vida una distancia que les permitiría alcanzar la Luna.

El charrán ártico (Sterna paradisaea), es un ave marina que cría en el Ártico o en las regiones subárticas. Mide 33-39 centímetros de largo y su envergadura es del orden de 80 centímetros. Con las patas y el pico rojos, se visten con plumas blancas y grises, son longevos ya que la mayoría envejecen más de 20 años y su cola se bifurca en dos planos.

En su migración desde el Ártico se detiene un mes en el norte de las Azores y a partir de ahí la población se divide en dos: unos viajan hacia la Antártida por África y otros lo hacen por Sudamérica. Al Polo Sur arriban cuando va a empezar el verano, en diciembre, tres o cuatro meses después de haber abandonado el Ártico. En su cuartel invernal, el verano antártico, permanecen alrededor de cuatro meses y el viaje de regreso es más rápido: dura un par de meses, por lo que recorren unos 700 kilómetros diarios.

Cernícalo del Amur

El cernícalo del Amur (Falco amurensis) es un pájaro que se reproduce y cría en el sudeste de Siberia y norte de China y migra al sur de África. Los machos pesan alrededor de 130 gramos y sus alas tienen una envergadura de unos 67 centímetros. Las hembras son un poco más grandes. Se alimenta principalmente de insectos que captura en tierra o en vuelo. Durante la cría también caza anfibios y otros pájaros más pequeños que lleva al nido para alimentar a los polluelos.

Suele abandonar sus regiones de crianza en septiembre para llegar a las tierras africanas, donde pasará el invierno, a finales de noviembre y principios de diciembre. Allí, en esa época, abundan las termitas voladoras, langostas, saltamontes y abejas. Si durante la crianza, en Asia, el cernícalo del Amur procura mantener el nido relativamente aislado, en África es propenso a agruparse en colonias muy numerosas.

Por lo general, migra en grandes bandadas de centenares e incluso de miles de individuos, a veces acompañados de otros halcones pequeños. En su viaje de otoño, camino de África, pasa semanas en la India y Bangladesh para engordar y procura coincidir sobre el Mar de Arabia con el vuelo migratorio de las libélulas, con objeto de proveerse de alimento en abundancia en este trayecto que es uno de los más complicados de su ruta. En total recorre unos 22 000 kilómetros, de los que alrededor de 3000 se extienden sobre el mar. De su viaje de vuelta, de África a Asia, no se tiene mucha información y es posible que lo haga sobrevolando la península arábiga; los pájaros llegan a las tierras de crianza en abril y principios de mayo.

En el año 2009, la Agencia Medioambiental de Abu Dabi financió un estudio para el seguimiento, vía satélite, de cernícalos del Amur en su migración otoñal. Del 12 de septiembre al 18 de noviembre de 2009, Andrew Dixon, Nyambayar Batbayar y Gankhuyag Purev-Ochir, registraron la trayectoria de una hembra adulta, a la que le habían colocado un equipo de seguimiento. El dispositivo pesaba 9,5 gramos y se alimentaba con células solares; estaba programado para trabajar 10 horas y mantenerse inactivo durante las 48 horas siguientes. El cernícalo pesaba 199 gramos; sus alas de punta a punta medían 69 centímetros. El pájaro permaneció en el noreste de Mongolia hasta el 12 de septiembre que fue cuando inició la migración. Cruzó China, de norte a sur, y llegó a un lugar próximo a Hanói, Vietnam, el 1 de noviembre. Tardó 51 días en cruzar China (3235 kilómetros), por lo que durante este tiempo voló escasamente un par de horas cada jornada. Tres días después de salir de Vietnam se encontraba en Mandalay, Myanmar, una población a 960 kilómetros al oeste de Hanói. En este segundo tramo lo más probable es que volara cerca de 12 horas diarias. Es interesante observar que el pájaro bordeó el Himalaya, en vez de cruzarlo y también que desde Hanói eligió una ruta que se aparta ligeramente de la que lo llevaría directamente a su destino final, que está algo más al sur. La etapa peor de su viaje es el vuelo sobre el océano Índico y antes de emprenderla, el cernícalo se sometió a una dieta de engorde. Eso es lo que hizo nada más llegar a Mandalay. Los registros de los días que van del 4 al 21 de noviembre muestran que el pájaro se mantuvo en las regiones de Manipur y Mizorán, en la India. Allí el clima, durante esa época del año es bastante seco y abundan los bosques, la temperatura media es suave: 23 grados centígrados. Cuando el cernícalo adquirió el peso necesario para abordar la larga travesía sobre el Mar de Arabia, al norte del Índico, se dirigió hacia el sur, bordeando el Golfo de Bengala hasta la región de Andhra Pradesh. Y desde allí partió el 26 de noviembre con rumbo a las costas africanas de Somalia. Tuvo que ascender a más de 1000 metros para aprovecharse de los vientos favorables y viajar en compañía de millones de libélulas que también abandonan la India durante la misma época del año para trasladarse a Tanzania y Mozambique. Se había adentrado ya en el mar 1180 kilómetros, desde la costa de Goa en la India, cuando el trasmisor del cernícalo dejó de funcionar. Durante las últimas 60 horas había recorrido 1800 kilómetros, volando sin parar. Le faltaban 1450 kilómetros para llegar a la costa de Somalia, por lo que si mantenía la velocidad tardaría unas 48 horas más en alcanzarlas. Es muy posible que el pájaro viajero perdiese la vida en aquél apartado lugar del océano.

Pardela de Tasmania

El ornitólogo holandés Jacob Ternminck la describió por primera vez en 1835 y la bautizó con el nombre de Puffinus tenuirostris, aunque durante la tercera expedición del Capitán Cook (1788), William Ellis ya la había pintado cuando navegaban por el océano Ártico. Son pájaros oceánicos que pesan, de adultos, alrededor de 500 gramos y su envergadura es de 1 metro, aproximadamente. Se alimentan de krill, calamares y peces que apresan lanzándose desde el aire y buceando.

Este pájaro habita en aguas australianas y se reproduce en las islas del estrecho de Bass y Tasmania y migra a las islas Aleutianas, en el hemisferio norte, para evitarse el invierno austral. No se conoce muy bien el trayecto que siguen las pardelas de Tasmania en sus migraciones debido a que vuelan alejadas de las costas. Se supone que el vuelo hacia el norte lo hacen por la parte oeste del Pacífico y el vuelo hacia el sur por el centro del océano. Tardan unas seis semanas en recorrer los 15 000 kilómetros, en cada dirección.

Combatiente

Es un pájaro zancudo con un dimorfismo sexual muy acusado. El macho es más grande que la hembra: con unos 180 gramos de peso, una envergadura de alrededor de 57 centímetros y las patas y el pico de color naranja, se cubre con un abundante, vistoso y personalizado plumaje, durante la época del apareamiento. Las hembras pesan unos 110 gramos y su envergadura es 10 centímetros más corta que la de los machos. Los machos compiten don dureza por las hembras y hay tres tipos de animales pertenecientes a este sexo que se diferencian entre sí: territoriales, satélites y *faeders*. Los territoriales marcan un espacio físico que defienden, pero solamente un 25% de los machos consiguen este nivel de independencia. El resto de los machos optan por otras estrategias para aparearse. Los satélites se introducen en los espacios controlados por los territoriales. El satélite copula con la hembra del territorial cuando este se enzarza en peleas con otros territoriales y también lo hace con hembras que, ocasionalmente, entran en la zona controlada por el territorial. El dueño del espacio físico, o territorial, se beneficia de la presencia del satélite ya que este atrae más hembras. El macho *faeder* tiene un plumaje que le da apariencia de hembra y entra en el espacio de los territoriales confundiendo a sus dueños. Aprovecha el momento en que alguna hembra se agacha para copular con ella; en muchas ocasiones el territorial se aparea con el *faeder* creyéndose que es una hembra.

Los combatientes (Philomachus pugnax), que crían en el norte y en el centro de Europa junto con los que lo hacen en el oeste de Siberia, migran a través de Europa del este, el mar Negro y el Mediterráneo para invernar en el oeste de África. Hay, sin embargo, una población de combatientes que cría en Siberia entre las longitudes 70º E y 164º E que en su migración vuela a través del oeste de Asia para invernar en el este y el sur de África. Por lo general, las hembras viajan más que los machos y conforme se desciende hacia el sur de África puede observarse que el porcentaje de machos en la población, durante el invierno, es menor.

Gavilán langostero

Los machos del gavilán langostero (Buteo swainsoni) pesan alrededor de 800 gramos, menos que las hembras (1115 gramos);

su envergadura es del orden de 127 centímetros. Es un pájaro que cría en una amplia franja de Norteamérica y pasa los inviernos en Sudamérica, aunque algunas poblaciones lo hacen en Florida y Tejas; es posible que los rezagados no hayan sido capaces de encontrar el camino hacia el sur, alrededor del Golfo de México. Son las rapaces continentales que realizan las migraciones más largas en América. Desde sus lugares de cría hasta el sur de Argentina y Brasil, recorren alrededor de 23 000 kilómetros.

En su viaje migratorio se aprovechan de las corrientes de aire y las térmicas por lo que vuelan sobre tierra. La práctica totalidad de la población sobrevuela el istmo de Panamá. Siguen rutas muy bien definidas y los que se apartan de ellas es porque se pierden. En el viaje de regreso, una vez que llegan a México se dispersan para alcanzar sus lugares de cría en una amplia franja del norte del continente americano. Los primeros gavilanes langosteros llegan a Canadá a finales de marzo y el grueso de la población a mediados de abril.

Vencejo alpino

En 2011 un equipo del Instituto Ornitológico Suizo, en colaboración con la Universidad de Berna, adhirió pequeños dispositivos electrónicos, capaces de grabar periódicamente la cantidad de luz y la aceleración, al cuerpo de seis vencejos alpinos.

Estos pájaros, después de la época estival de apareamiento y cría en Europa, hacen un largo viaje de miles de kilómetros, ya que emigran todos los años a África para pasar el invierno. Los científicos querían averiguar el consumo de energía de estos animales y determinar el tiempo que permanecían en vuelo.

Al año siguiente los estudiosos pudieron recuperar tres vencejos que habían regresado en verano a Europa. Se quedaron sorprendidos al comprobar que durante más de 200 días consecutivos los pájaros no habían dejado de volar. En ese tiempo habían recorrido unos 10 000 kilómetros. Es uno de los trayectos más largos que jamás se ha conseguido grabar con un dispositivo en un ave. El aparato registraba datos cada cuatro minutos y cabe la posibilidad de que se hubieran detenido en algunas ocasiones entre dos muestreos consecutivos, aunque es bastante improbable. Parece ser que el vencejo alpino (o vencejo real) puede permanecer en el aire durante 6 meses sin tocar el suelo en ningún momento.

Son animales pequeños de unos 20 centímetros de longitud y una envergadura de alrededor de 50 centímetros que pesan del orden de 100 gamos y se nutren de lo que se suele denominar como "plancton aéreo": insectos pequeños, esporas, semillas y bacterias. El agua que contiene esta sustancia es suficiente para cubrir sus necesidades. Por lo tanto, cazan mientras vuelan; incluso beben en el aire. Según Felix Liechti, del Instituto suizo estos pájaros «pasan más tiempo durante la noche en tierra, conforme más al norte se encuentran». Y en África, durante el invierno, siempre están volando; suelen hacerlo a gran altura y desde tierra no se les ve.

A España llegan de marzo a abril y se marchan de septiembre a octubre. En verano, buscan zonas montañosas con acantilados para pernoctar enganchados a las rocas con sus patas cortas. Construyen los nidos en lugares de difícil acceso, año tras año, casi siempre en el mismo sitio. Pero, hay otros que lo hacen en los pueblos, debajo de un tejado o de un puente, o en la grieta de una vivienda. Los fabrican con paja, barro y plumas.

La pareja colabora en el proceso de incubación que dura unos 20 días. Los polluelos permanecen en el nido un par de meses. En sus excursiones para alimentar a las crías los vencejos adultos se alejan mucho de los nidos y traen los insectos que cazan apretados en pequeñas bolas que amalgaman con su saliva gomosa. Las crías pueden hacer que la temperatura de su cuerpo baje y aletargarse si, debido al mal tiempo, sus padres no pueden salir a cazar insectos para ellos.

La capacidad de estos animales para volar de forma ininterrumpida durante 200 días y descansar en el aire sigue siendo un misterio sin resolver.

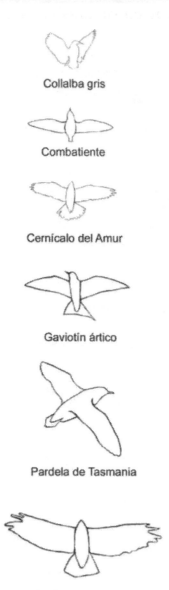

Collalba gris

Combatiente

Cernícalo del Amur

Gaviotín ártico

Pardela de Tasmania

Gavilán Langostero

Figura 3-3. Aves que efectúan grandes migraciones.

Características de las aves que efectúan vuelos de largo alcance

El ingeniero aeronáutico francés, Breguet, demostró a principios del pasado siglo, que el alcance máximo de un aeroplano depende de la relación (L/D) entre sustentación (L) y resistencia al avance (D), la densidad energética del combustible (Δh), el rendimiento del proceso de transformación de energía química en mecánica (η_{bm}) y el porcentaje del peso total que supone el peso del combustible (C%), en el momento de despegue. La fórmula de Breguet es válida para cualquier artefacto que se nutre de parte de la masa que transporta para mantener el vuelo. Para quien esté interesado: los detalles y el desarrollo de esta fórmula se exponen en el ANEXO III (*Fórmula de Breguet del alcance máximo*).

La aplicación a los pájaros de esta fórmula implica que para recorrer grandes distancias, sin repostar, sus alas deben ser alargadas (relación de aspecto lo más grande posible) y su cuerpo ha de contener un alto porcentaje de grasa en el momento de iniciar la migración.

Si de un ave conocemos el consumo de masa por hora de vuelo y la velocidad, podemos aplicar la fórmula de Breguet para determinar la relación (L/D); con este valor de (L/D) es posible calcular el porcentaje de la masa total que representa el combustible (C%) en el momento de iniciar un vuelo cuyo alcance (R) nos es conocido. En la *Tabla 1* he listado estos valores para tres aves distintas. Si bien la fórmula de Breguet no es exacta, nos aporta resultados aproximados que son coherentes.

Las alas del charrán ártico tienen una relación de aspecto muy elevada (AR=11,2), para tratarse de un pájaro; son alargadas las de la pardela de Tasmania y la becasina barrada, aves que efectúan grandes recorridos sobre el mar, e incluso las del vencejo alpino que pasa largas temporadas en el aire. El cernícalo del Amur y el combatiente también poseen alas relativamente alargadas. El gavilán langostero es una rapaz planeadora que vuela sobre tierra con la ayuda de térmicas, sus

	R km	% mh-1	vo km/h	(L/D)	%C
Becasina de cola barrada	11000	0,42	65,88	16	51%
Vuelvepiedras común	3700	0,48	53,64	11,5	29%
Correlimos playero rojo	4800	0,77	72,36	9,6	41%

Tabla 1. Alcance en Kilómetros (R) y consumo de masa por hora de vuelo, expresado como porcentaje de la masa total (%m/h), velocidad observada del vuelo (vo), relación entre sustentación y resistencia (L/D) y % total de la masa de combustible sobre la masa total en el momento en que comienza la migración (%C). Fuente: R y %m/h, Anders Henderson *Extreme Endurance Migration* PLoS Biology. Vo de vuelo, de la tabla del Anexo IV. Los valores de (L/D) se han calculado con la fórmula de Breguet, para una hora de vuelo y alcance igual a Vo. Los valores de C% se han calculado con la fórmula de Breguet para el valor de (L/D) obtenido anteriormente y un vuelo cuyo alcance es R. La densidad energética de la grasa (Δh) es de 39,7 kJ/kg y el rendimiento biomecánico (η_{bm}) igual al 24%.

alas son algo más cuadradas. La collalba gris es un pájaro de muy poco peso con alas cuya relación de aspecto no es excesivamente grande (AR=5,48). Alas alargadas sugieren unos valores de (L/D) elevados, aunque el comportamiento de las alas de los pájaros cuando baten difiera sensiblemente de las de los planeadores, con los apéndices sustentadores fijos. Esto explica que la relación (L/D) de la becasina de cola barrada, en vuelo, con batimiento de las alas, según se ha estimado anteriormente es del orden de 16, mientras que en un planeador de ala fija este valor se puede multiplicar por 2,5.

Sin embargo, el elemento decisivo que permite a las aves efectuar larguísimos vuelos migratorios, sin descansar, es su capacidad para cumplir con los requisitos necesarios de cantidad de combustible en el momento de iniciar el vuelo (C%): el 51%, 29% y 41% de la masa total, respectivamente, para los tres pájaros estudiados. Si bien estos valores son simplemente orientativos, indican que las migraciones de largo recorrido exigen un acopio previo de energía en el cuerpo del volador de dicho orden de magnitud.

Antes de los vuelos migratorios, muchas aves se someten a una dieta alimenticia que les permite doblar el peso. Además, el metabolismo de las aves se distingue de los mamíferos porque sus músculos desarrollan una gran cantidad de trabajo quemando exclusivamente grasas. Los niveles de esfuerzo que pueden realizar los mamíferos, en general, están muy limitados si el aporte de energía se limita a las grasas. Para realizar esfuerzos importantes los atletas deben combinar el consumo de grasa con el de glucógeno de sus reservas en el tejido muscular. Este tejido tiene una capacidad muy limitada de almacenamiento lo que impide que los mamíferos sean capaces de sostener esfuerzos musculares elevados durante demasiado tiempo, a diferencia de los pájaros que se bastan con las grasas. El almacenamiento masivo de grasas en el cuerpo de las aves, junto con las características especiales de su metabolismo, les permiten desarrollar un gran esfuerzo de forma continuada, que a los mamíferos les resulta imposible.

Hay otro aspecto también importante, que ignora la ecuación de Breguet, y es que las aves migratorias deben conocer y saber aprovechar las corrientes de aire atmosféricas (viento), en sus largas migraciones. El aporte de los vientos en cola, durante vuelos de larga duración, puede ser muy significativo, y los vientos en contra se convierten en barreras infranqueables.

Vuelo en formación

Durante el vuelo, sabemos que de las puntas de las alas del pájaro se desprenden torbellinos. En los extremos de las alas, el aire de la parte inferior (intradós), a mayor presión, sube por los bordes exteriores a la parte superior (extradós). Este movimiento induce la formación de torbellinos. Los torbellinos giran, si miramos el pájaro desde la parte posterior, el de la derecha, en sentido contrario a las agujas del reloj, y el de la izquierda, en el sentido de las agujas del reloj. En el ANEXO II (*Características aerodinámicas de las alas*), se explica con más detalle este fenómeno.

Las formaciones en V de las bandadas de pájaro, sugieren que las aves tratan de situarse de modo que puedan aprovechar la corriente ascendente del torbellino que produce el pájaro que vuela delante. Sin embargo, algunos ornitólogos han cuestionado este argumento y prefieren creer que el motivo de la formación no es otro que volar mejor dispuestos para defenderse de un depredador.

El doctor Steve Portugal y sus colegas del Royal Veterinary College, de la Universidad de Londres estudiaron el vuelo en formación de 14 ibis eremita (Geronticus eremita), pertenecientes al grupo que el equipo del biólogo Johannes Fritz reaclimató en Europa. Desde hacía 400 años estas aves no existían en el Viejo Continente y la Comisión Europea financió un programa para la reinserción de la especie en una zona de cría en Austria y Alemania. Las aves, desde 2003, habían sido entrenadas para migrar durante el invierno a la Toscana, en Italia, siguiendo un avión ultraligero. Para estudiar con detalle la posición de las 14 aves con respecto a las demás, y los movimientos de sus alas, se les implantaron registradores de datos en Salzburgo. Los resultaron mostraron que —cuando volaban en formaciones en V— estos pájaros eran capaces de colocarse en la posición correcta y mover las alas con el ritmo adecuado para aprovechar los torbellinos de sus vecinas. Hay que tener en cuenta que el torbellino que se desprende de las puntas de las alas de los pájaros se mueve hacia atrás, pero también sube y baja cuando el ave las bate para impulsarse. Los pájaros, volando en formación, ajustaban la frecuencia y fase de su movimiento de aleteo para aprovechar el flujo ascendente del aire en los torbellinos. En el vuelo nivelado se situaban a 1,2 metros detrás del pájaro que les facilitaba el vuelo, en una V de 45 grados. El ahorro energético que aporta esta forma de volar es del orden de un 20%. Sin embargo, si volaban muy cerca, unos detrás de otros, no existía tal concordancia y movían las alas en oposición de fase, posiblemente para contrarrestar el barrido descendente de velocidad que induce el ala del pájaro que vuela delante.

El comportamiento de los pájaros en vuelo apunta a que poseen una extraordinaria sensibilidad para detectar e interpretar los gradientes de velocidad y de presión en el aire que los rodea; aunque en la práctica sabemos muy poco del modo en que lo hacen.

Velocidad de vuelo

Sin entrar en demasiadas consideraciones técnicas, no es difícil deducir que cuando un aeroplano vuela en régimen de crucero, la carga alar (peso dividido por la superficie de sus alas) tiene que ser proporcional al cuadrado de la velocidad. Hemos visto que la relación de proporcionalidad, para un volador que se mantenga en vuelo nivelado a baja altura (donde la densidad del aire es del orden de 1,2 kilogramos por metro cúbico) con un coeficiente de sustentación (CL=0,6) es la siguiente:

$$W/_S = 0,38\ v^2\ [24]$$

En donde W es el peso del volador en newtons (1 kg peso= 9,8 newtons), S la superficie de sus alas en metros cuadrados y v la velocidad en metros por segundo. A la velocidad que obtenemos mediante esta fórmula la he denominado Vt (velocidad teórica de vuelo) y la he calculado para todas las aves que figuran en el *Anexo IV*. La fórmula [24] dio origen al *Great Flight Diagram* (Tennekes) en el que se representan todos los voladores, desde los insectos hasta el gran avión de transporte de pasajeros, Airbus A-380, y se incluyen muchas aves.

Cuando analizamos los datos de las tablas del *Anexo IV*, podemos comprobar que las desviaciones sobre la velocidad teórica son grandes y casi siempre positivas, superiores a lo que podría esperarse al corregirlas con la altura de vuelo (donde la densidad es menor), en pájaros cuya carga alar es relativamente baja; para estos pájaros el coeficiente de sustentación en vuelo de crucero es inferior al de los aeroplanos (0,6). Por el contrario, los pájaros con mayor carga alar vuelan más despacio que la velocidad teórica que sugiere la fórmula anterior lo que indica que, para ellos, el coeficiente de sustentación es mayor de 0,6. La conclusión es que el margen de velocidades de vuelo de los pájaros es más estrecho de lo que podríamos suponer en un principio.

El valor de la mediana del coeficiente de sustentación, para los pájaros de las tablas del _Anexo IV_ es 0,36. En el vuelo con aleteo ocurre que el pájaro emplea parte de la superficie del ala para generar la sustentación y el resto para producir la tracción o empuje que contrarreste la resistencia al avance. Al batir las alas se produce una merma en la superficie alar dedicada a la generación de sustentación. Si considerásemos que con este tipo de vuelo tan solo el 60% de la superficie alar aporta sustentación, el coeficiente de sustentación de la parte de ala fija, de los pájaros listados en las tablas, pasaría de 0,36 a 0,6. Sin embargo este razonamiento no me parece tampoco muy sólido porque las desviaciones sobre la mediana también son considerables.

En general podemos decir que los pájaros cuando aletean son capaces de volar en un rango de velocidades que oscila entre los 10 y los 20 m/s (36-72 km/h) y que un valor típico para todos ellos puede rondar los 47 km/h, aunque los hay extraordinariamente veloces, que superan los 100 km/h.

La carga alar de los pájaros aumenta con su peso ya que este se incrementa con el cubo de su longitud característica, mientras que la superficie de las alas lo hace con el cuadrado de dicha longitud. Esto implica que conforme aumenta el peso de los pájaros también se acreciente su velocidad de vuelo. Sin embargo este incremento es inferior al que podríamos anticipar ya que los pájaros más pesados vuelan con un coeficiente de sustentación mayor.

Capítulo 4

Fases y modos de vuelo

Fases y modos de vuelo

En términos muy generales el estilo de vuelo de un ave depende de su nivel evolutivo. En 1952, John Maynard Smith formuló la teoría de que las aves han perfeccionado su forma de volar a lo largo de millones de años. Es asombroso constatar cómo su pequeño cerebro es capaz de controlar un ejercicio tan complejo. Las aves muy evolucionadas tienen configuraciones poco estables y adaptan las alas y el cuerpo en todo momento a las necesidades del tipo de vuelo que practican.

Todas las aves que vuelan tienen la necesidad de despegar y aterrizar. Una vez en el aire, las hay en las que predomina el vuelo con las alas extendidas, sin aleteo, mientras que otras, la mayor parte del tiempo, vuelan batiendo las alas. También las hay que practican el aleteo de forma intermitente y algunas son capaces de mover las alas sin desplazarse. De las aves planeadores podemos distinguir dos tipos: terrestres y marítimas. Por lo general las terrestres han aprendido a ganar altura gracias a las corrientes de aire ascendentes o térmicas, aunque también se aprovechan de las variaciones en la dirección del viento en las laderas de las montañas, acantilados o edificios. Las aves planeadoras marítimas, no pueden beneficiarse de las fuertes corrientes térmicas que genera el calentamiento de partes de la superficie terrestre y han aprendido a usar los gradientes de velocidad en altura del viento para mantenerse en vuelo. Este último modo de planeo suele conocerse con el nombre de planeo dinámico.

Capítulo 5

Despegue y aterrizaje

Despegue y aterrizaje

No todas las aves pueden despegar desde el suelo, sin viento. En algunos casos tienen que lanzarse desde la rama de un árbol, una roca o cualquier otro lugar elevado, para ganar cierta velocidad, aprovechando la caída libre, e iniciar el vuelo de aleteo. Si están en tierra o sobre el agua, tratan de despegar después de una pequeña carrera, dando unas cuantas zancadas hacia la dirección desde donde sopla el viento. No importa si el peor enemigo de una cigüeña se encuentra a barlovento, porque la cigüeña no intentará jamás despegar hacia sotavento y preferirá pasar por encima de la cabeza de un depredador antes que intentar ganar altura corriendo en la dirección del viento. Lo mismo ocurre con las gaviotas, cuando se encuentran sobre la superficie del mar. También, durante el despegue y la fase inicial del vuelo, las aves baten las alas hacia abajo y hacia adelante, con gran velocidad, para inducir en ellas el movimiento necesario capaz de generar sustentación. En la *figura 1-4* puede verse cómo una gaviota cuando trata de iniciar el vuelo desde la superficie del mar, "anda sobre el agua", y mete la cabeza bajo las alas a la vez que las extiende hacia adelante. El andar sobre el agua, en el momento del despegue, es un ejercicio que practican muchas aves acuáticas, especialmente las palmípedas que realizan una especie de *pateo* muy rápido para ganar velocidad en la dirección que desean emprender el vuelo. Los albatros, que son pájaros con una carga alar elevada, pesados en relación a la superficie de sus alas, realizan un acusado movimiento de pateo, durante un trayecto relativamente largo, cuando despegan del agua.

El despegue exige una gran potencia muscular y es un ejercicio agotador que no todos los pájaros pueden efectuar en cualquier circunstancia. Por ejemplo, las fragatas, aves marinas que pescan en las orillas, son incapaces de emprender el vuelo desde la superficie del agua. Sin embargo, el despegue es sencillo de aprender, con independencia de las dificultades de orden físico que plantea.

Figura 1-4. Gaviota, iniciando el vuelo desde el agua (pateo).

El aterrizaje requiere cierto entrenamiento porque el pájaro tiene que frenar su impulso, utilizando sus alas, e iniciar un vuelo en suspensión para luego depositarse suavemente en el suelo. En animales con poca inercia, es decir con muy poca masa, como los insectos, a veces el aterrizaje lo efectúan impactando directamente contra una superficie. Este es el caso de las moscas que se estampan contra las paredes con las patas extendidas para amortiguar el golpe. Algunos escarabajos también aterrizan aferrándose con sus patas a las plantas. Los pájaros con carga alar elevada necesitan entrenarse mucho para lograr aterrizajes suaves. Los albatros pertenecen a esta clase de aves para las que el amerizaje o el aterrizaje, en tierra, solamente logran dominarlo después de un largo y penoso proceso de aprendizaje. En la *figura 1-5* se muestra el esquema del amerizaje de un albatros.

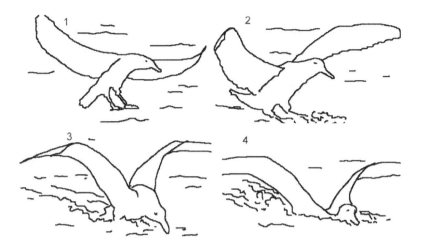

Figura 1-5. Amerizaje de un albatros.

Capítulo 6

Planeo

Planeo

En los vuelos de planeo las aves mantienen sus alas extendidas, inmóviles. No desarrollan ninguna fuerza de tracción por lo que, con el aire en reposo, descienden siguiendo una trayectoria que forma un cierto ángulo con la horizontal. El vuelo de planeo permite a las aves desplazarse con un coste energético mínimo. El consumo de oxígeno durante este tipo de vuelo es tan solo el doble del de reposo (Baudinette y Schmidt-Nielsen, 1974), mientras que en los vuelos de aleteo multiplica por ocho al de reposo (Tucker, 1972).

Es fácil demostrar, como haré un poco más adelante, que el ángulo de planeo en un aeroplano o en un pájaro depende de la relación entre la sustentación y la resistencia (L/D) del ala del volador. El parámetro (L/D) caracteriza la eficiencia de un ala, ya que expresa la cantidad de sustentación que es capaz de generar por unidad de resistencia al avance. También sabemos que en la medida que aumenta la relación de aspecto (AR), o alargamiento del ala, también mejora la relación (L/D).

Aunque pájaros y aeroplanos se asemejan mucho en esta modalidad de vuelo hay dos cuestiones que los diferencian. La primera es que los pájaros pueden adoptar una geometría muy variable. Suelen utilizar el giro de sus muñecas para adelantar o retrasar la punta de las alas, con lo que despliegan o reducen su superficie, al tiempo que modifican también la flecha (ángulo), de las mismas; también utilizan las patas, que extienden o recogen para aumentar o disminuir la resistencia al avance del cuerpo; asimismo con la cola pueden incrementar o aminorar la superficie sustentadora. La segunda gran diferencia en el vuelo de planeo, entre aves y aeroplanos, consiste en el número de Reynolds del flujo de aire; mientras que en las aeronaves es del orden de un millón, en los vuelos de los pájaros es siempre mucho más pequeño. El parámetro (L/D) de un ala disminuye también con el número de Reynolds.

En el vuelo de planeo, a las aves les interesa controlar el ángulo de descenso y la velocidad a la que avanzan. Para una velocidad (V), el ángulo de descenso o de planeo (θ) determina la componente vertical de la velocidad (Vs), y viceversa. La elevada capacidad que poseen las aves para alterar la geometría de su cuerpo, en pleno vuelo, hace que para una determinada velocidad (V), puedan descender planeando dentro de un margen, relativamente amplio, de velocidades (Vs) y ángulos (θ) de descenso.

Durante el planeo, con velocidad constante, el peso del pájaro y la fuerza aerodinámica tienen que igualarse. En la *figura 1-6* podemos ver cómo la fuerza de sustentación (L), perpendicular a la velocidad del pájaro (V) y la fuerza de resistencia (D), en oposición a la velocidad, equilibran el peso del ave (W). La componente vertical de la velocidad (Vs) y la velocidad V, guardan la misma relación que la resistencia (D) y el peso (W):

$$V_s = V \left(\frac{D}{W}\right) \ [25]$$

Y el ángulo de planeo (θ) viene definido por:

$$\tan \theta = \frac{D}{L} \ [26]$$

De la expresión anterior se deduce que el ángulo de planeo será mínimo para la situación que haga máxima la relación (L/D). La relación (L/D) máxima varía mucho de unas aves a otras: es del orden de 20 para los albatros, 10 para las cigüeñas y 4 para los gorriones; con lo que el ángulo mínimo de planeo oscila entre unos 3 grados en el caso de los albatros y 14 en el de los gorriones, siendo de unos 6 grados para las cigüeñas.

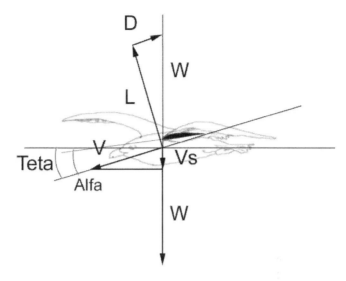

Figura 1-6. Equilibrio de fuerzas. Planeo.

No hay que confundir el ángulo de planeo con el ángulo de ataque del ala del pájaro durante el planeo. En la *figura 1-6* se distinguen estos dos ángulos, teta (planeo) y alfa (ataque).

El producto de la resistencia por la velocidad (DV) se corresponde con lo que hemos denominado como coste del vuelo (potencia necesaria para volar). De acuerdo con la expresión [25], si dividimos el coste de vuelo por el peso (W) obtendremos la velocidad vertical de descenso de un ave durante el planeo. La forma de la curva que representa la velocidad vertical (Vs) en función de la velocidad (V) en los planeos de las aves, será similar a la que representa el coste de vuelo (*Figura 2 A-2*). En la *figura 2-6* se representa la velocidad vertical de descenso de planeo en función de la velocidad. Para la velocidad de potencia mínima se tendrá la velocidad vertical mínima y para la velocidad de máximo alcance se obtendrá la velocidad en la que el ángulo de planeo es más pequeño.

La curva de la *figura 2-6* es válida para una configuración del pájaro de la que se deriva un valor del coeficiente de resistencia y una superficie determinada. A diferencia de los aeroplanos, las aves pueden modificar la superficie sustentadora

(S), desplegando o recogiendo las alas y la cola; también pueden modificar el ángulo de ataque del cuerpo y la posición de las patas para variar la resistencia. Cada configuración da lugar a una curva similar a la de la *figura 2-6*. Esto quiere decir que, para cualquier velocidad de planeo (V), hay varias velocidades de descenso (Vs) posibles, en función de la forma que adopte el pájaro; una de estas velocidades de descenso será la mínima (Vsmin) y podemos dibujar una curva con las Vsmin que se correspondan a cada velocidad: será la curva de mejores prestaciones de planeo.

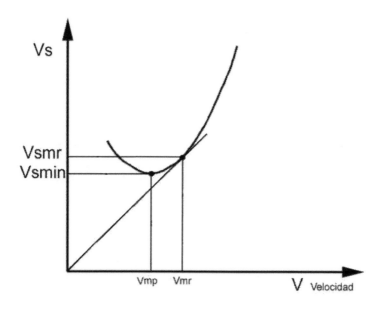

Figura 2-6. Planeo. Velocidad vertical en función de la velocidad.

Los pájaros pueden planear dentro de un amplio margen de valores de velocidades de descenso (Vs), en función de V. En la *figura 3-6* se muestra el rango de dichos valores para un halcón yággar, (Falco jugger, *Gliding birds: the effect of variable span*, Vance A. Tucker, 1987). El área de actuaciones representa las

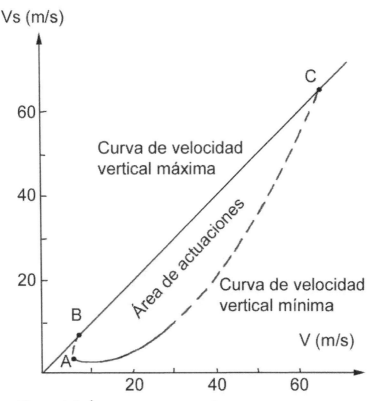

Figura 3-6. Área de actuaciones de planeo.

posibles combinaciones de velocidad de descenso y velocidad total, en función de la superficie alar que despliegue el pájaro y su configuración corporal. Las curvas que limitan el área, en su parte sólida representan valores calculados por Tucker y en la de trazos extrapolaciones. El punto A se corresponde con el máximo valor del coeficiente de sustentación CL=1,87. A lo largo de la línea BC la velocidad total es igual a la velocidad de descenso, lo que significa que el halcón desciende verticalmente. El ángulo (teta) de descenso sería de 90 grados. En el punto B, el halcón descendería con las alas completamente desplegadas, recibiendo el aire perpendicularmente, como si fueran un paracaídas (36 km/h). En el punto C las alas están pegadas al cuerpo y la rapaz alcanza su máxima velocidad (234 km/h). Por debajo de la recta BC se encuentra la curva de mínima velocidad vertical, en función de la velocidad de descenso del ave, cerrando el área de actuaciones de planeo del halcón. Este gráfico suele presentarse con el eje Y hacia abajo, en vez de hacia arriba, quizá para hacer más intuitivo que la velocidad en ese eje es vertical en el sentido descendente.

En la *figura 4-6* se representan las velocidades mínimas de descenso (Vs) en función de la velocidad para un conjunto de aves y un avión planeador de ala fija (SHK). En el gráfico, las

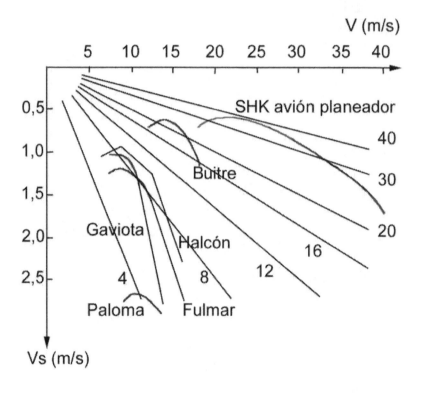

Figura 4-6. Diagramas de planeo del avión planeador SHK y distintas aves. Fuente: *Aerodynamics of gliding flight in a falcon and other birds.* Exp. Biol (1970) Vance A. Tucker y G. Christian Parrot.

líneas rectas se corresponden con distintos valores de la relación entre sustentación y resistencia (L/D). Cada una de estas líneas también define un ángulo de planeo (entre paréntesis): 40 (1,43°), 30 (1,91°), 20 (2,86°), 16 (3,58°), 12 (4,76°), 8 (7,13°), 4 (14,04°). En el gráfico podemos ver que el aeroplano (SHK) es el que vuela con un ángulo de planeo más pequeño, aunque su velocidad es relativamente grande (22,5 m/s), comparada con la de los buitres que con una velocidad de descenso muy parecida vuelan mucho más despacio (14 m/s).

En el año 2009, P. Henningson y A. Hedenström, realizaron experimentos en la universidad de Lund (Suecia), para estudiar el vuelo de planeo de un vencejo común (Apus apus), en los que emplearon el túnel de viento orientable, capaz de producir una corriente con cierta inclinación. El espécimen que se sometió a las pruebas pesaba unos 42 gramos y su envergadura máxima era de 39,2 centímetros. Durante los experimentos el ave efectuó una serie de planeos en el túnel de viento, con velocidades del viento de 7, 8, 9, 10 y 11 metros por segundo, lo cual se corresponde con valores del número de Reynolds entre 18 400 y 29 500. Para cada una de las velocidades del viento, el túnel se colocó inicialmente con un ángulo de 6,3 grados y luego se fue disminuyendo en incrementos de 0,1 grados hasta que el ave dejó de planear de forma estable. De esta forma se determinó el menor ángulo de planeo para cada una de las velocidades del viento. Durante cada planeo se tomaron fotografías para calcular la superficie de las alas, de la cola y sus correspondientes envergaduras. En las pruebas, el pájaro fue capaz de planear a velocidades comprendidas entre los 7 y 11 m/s. A menos de 7 m/s lo hacía de forma inestable y pronto empezaba a aletear, y a más de 11 m/s le resultaba difícil mantenerse estable en una posición. La envergadura del ala disminuyó de forma lineal del 90% de su extensión máxima, con una velocidad de 7 m/s, al 85%, a 11 m/s. La disminución de envergadura la hacía flexionando el ala en la muñeca con lo que las puntas se movían hacia atrás. La reducción de la envergadura se correspondía con una variación de la superficie del ala desde el 99,7% hasta el 70,9% del área máxima. Sin embargo, la cola permaneció cerrada, con muy pocas variaciones en el rango de velocidades de 8 a 11 m/s, y casi completamente abierta a 7 m/s. En la _figura 5-6_ se muestra la gráfica que representa la mínima velocidad de descenso (Vs) en función de la velocidad (V). El mejor valor de la relación entre sustentación y resistencia (L/D) fue de 12,5 a 9,4 m/s de velocidad de vuelo, lo que se corresponde con un ángulo de planeo de 4,57° y velocidad de descenso de 0,75 m/s.

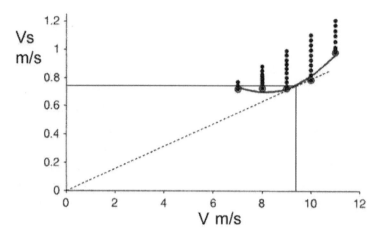

Figura 5-6 Velocidad de descenso (Vs) mínima, en función de la velocidad de planeo (V), en el planeo de un vencejo común (Experimentos en túnel de viento, P. Henningson y A. Hedenström, 2009).

En otro experimento de vuelo de planeo, en mismo túnel de viento de Lund, realizado por Mikael Rosén y Anders Hedenström, en el año 2000, se obtuvieron datos bastante similares, con una grajilla occidental (Corvus monedula). El pájaro fue capaz de planear de forma estable con velocidades del viento entre 6 y 11 metros por segundo, modificando la envergadura de la cola y las alas, para adaptar las superficies sustentadoras a la velocidad de vuelo. La curva que representa la mínima velocidad de descenso (Vs) en función de la velocidad (V), tiene forma de U invertida, similar a la que se obtuvo en el experimento anterior con el vencejo común. El mejor valor de la relación entre sustentación y

118

resistencia (L/D) fue de 12,6 a 8,5 m/s de velocidad de vuelo, lo que se corresponde con un ángulo de planeo de 4,53° y velocidad de descenso de 0,67 m/s.

Lo que podría parecer sorprendente, al constatar los datos de estos dos experimentos en el túnel de viento de Lund, es que ambos pájaros tengan unas prestaciones como planeadores tan similares. Si la eficiencia aerodinámica de las alas depende de la relación de aspecto (AR), mientras que en el vencejo es de 9,8, en la grajilla resulta mucho más pequeña: 6,1. Las alas del vencejo son estrechas, alargadas y terminan en punta, en tanto que las de la grajilla son redondeadas. Cabría pensar que el vencejo planea mucho mejor que la grajilla. Con respecto a este punto hay que tener en cuenta dos cuestiones. La primera es que el vencejo pesaba 42 gramos y la grajilla 193, por lo que se trata de aves poco comparables en cuanto a su tamaño. Estas diferencias hicieron que el rango del número de Reynolds, en ambos experimentos, fuera bastante distinto. En el vencejo de 18 400 a 29 500 y en la grajilla de 38 000 a 76 000. Sabemos que la relación entre sustentación y resistencia máxima (L/D) de los perfiles de las alas disminuye muy rápidamente cuando el número de Reynolds está por debajo de 50 000. Es por tanto muy difícil establecer comparaciones en cuanto a las actuaciones de vuelo de aves con diferencias significativas de tamaño y que vuelen con números de Reynolds tan dispares. La segunda cuestión está relacionada con las ranuras entre las plumas rémiges de las alas de las grajillas (*Figura 6-6*) que producen el mismo efecto que los *winglets* en los aviones y disminuyen la resistencia inducida, lo que mejora la relación entre sustentación y resistencia (L/D) del ala. Así pues, un número de Reynolds más elevado y las ranuras entre las rémiges en la punta de las alas, favorecen que la relación (L/D) mejore en el vuelo de planeo de la grajilla y compense el efecto negativo de la disminución de la relación de aspecto (AR), cuando comparamos el modo de planeo en ambos pájaros.

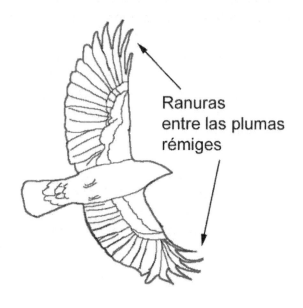

Ranuras
entre las plumas
rémiges

Figura 6-6 Ranuras entre las rémiges en el vuelo de una grajilla.

Pájaros planeadores

La lista de pájaros planeadores es muy extensa.

Entre las aves rapaces se encuentran los busardos, gavilanes, aguiluchos, halcones y las águilas. Las más pequeñas, como los busardos y los gavilanes, suelen volar a baja altura ya que anidan en los bosques y buscan sus presas casi a ras del suelo, en zonas abiertas o arboladas. Alternan el vuelo de aleteo con largos planeos y sus alas son cortas. Los más grandes, como muchos halcones y águilas, se colocan en roquedos y lugares elevados desde los que inician planeos, en búsqueda de sus presas, a gran altura. El pájaro secretario (*Sagittarius serpentarius*) es quizá la rapaz más peculiar; planeador, pero caza en tierra, serpientes y pequeños mamíferos, que atrapa con sus afiladas garras.

Los grandes carroñeros, como los buitres leonados (Gyps fulvus) en el Viejo Mundo y los cóndores en América, también se lanzan al aire desde perchas elevadas y saben beneficiarse de las corrientes térmicas para ganar altura. Son los mejores planeadores terrestres. Los alimoches son carroñeros de menor tamaño y planean bien, al igual que los córvidos que alternan la dieta de animales muertos con insectos, granos y frutas. Y los quebrantahuesos (Gypaetus barbatus), que se encargan de limpiar los restos óseos que se dejan los otros carroñeros, también son buenos planeadores.

Las cigüeñas son magníficas planeadoras y en sus vuelos migratorios tratan de evitar los trayectos sobre el mar porque se desplazan con la ayuda de térmicas terrestres. Esta es la razón por la que las europeas pasan por Gibraltar o Israel, los dos extremos del Mediterráneo, cuando van y regresan del sur o el centro de África. Hay otras zancudas, como las grullas canadienses (Grus canadensis) que son buenas planeadoras.

Las grajillas y las chovas también planean bien, igual que los vencejos.

En el capítulo de pájaros marinos, la lista de planeadores es muy larga: gaviotas, charranes, procelarias, garzas, petreles y pelícanos. Las fragatas son, junto con los albatros, las mejores aves planeadoras marinas, aunque su modo y estilo de vuelo sea completamente distinto, como explicaré más adelante.

Modos de planeo: térmico y dinámico

El buitre leonado (Gyps fulvus) es uno de los grandes pájaros planeadores terrestres. Su ritmo cardiaco, como en cualquier animal, nos permite valorar el esfuerzo que realiza en cada instante. Cuando está en reposo absoluto, su corazón funciona a unas 44 pulsaciones por minuto (ppm). Despierto y atento a lo que ocurre a su alrededor, temprano por la mañana y vigilante, sus pulsaciones se aceleran hasta alcanzar un ritmo de 81 ppm. Un minuto antes de emprender el vuelo extiende y agita las alas, se prepara para lanzarse al vacío desde su atalaya y el corazón alcanza 150 ppm. En el momento en el que salta de la percha inicia un corto, pero intenso vuelo de aleteo que eleva su frecuencia cardiaca a una cifra situada entre 222 y 382 ppm. Pronto, el buitre leonado, identifica una térmica, cesa el aleteo y con las alas extendidas se dirige hacia ella hasta interceptarla. A los diez minutos, el corazón vuelve a latir con una frecuencia de unos 81 ppm mientras asciende por la corriente de aire caliente. El ritmo cardiaco del buitre se mantendrá en el entorno de los 81 ppm durante el ascenso por la térmica y el planeo desde la altura que logre alcanzar hasta la base de la siguiente térmica. A lo largo de su jornada pasará el 45% del tiempo de vuelo remontando térmicas, el 52% planeando en descensos y tan solo empleará el 3% restante en efectuar cortos ejercicios de aleteo. Su corazón late a la misma frecuencia cuando está en la percha, vigilante a lo que ocurre alrededor, que cuando asciende por una corriente de aire o cuando planea hacia tierra, con las alas quietas: 81 pulsaciones por minuto.

La descripción anterior se ajusta a las observaciones de los que han estudiado con detalle el vuelo de estos animales (Olivier Duriez y otros, 2014). La conclusión es que, durante los planeos, el buitre consume una cantidad de energía que es 1,43 veces su tasa de metabolismo basal (TMB) y que en los cortos vuelos de aleteo el gasto aumenta a 3 TMB. El buitre leonado es un excelente volador, por lo general los pájaros consumen 7 TMB en los vuelos con batimiento de las alas y 1,5 TMB durante los planeos. La diferencia del coste del vuelo en ambos casos, es muy significativa.

Hay otros pájaros, como el estornino vulgar (Sturnus vulgaris), muy bien adaptados para el vuelo de aleteo, que también han descubierto las ventajas del vuelo de planeo y lo practican de forma esporádica. En América del Norte vive una población de más de 150 millones de estorninos vulgares. Todos descienden de 60 individuos europeos que liberó Eugene Schieffelin en el Central Park de Nueva York, en 1890. En las migraciones de primavera, los estorninos sobrevuelan el estado de Virginia en bandadas, no muy numerosas, de hasta 300 pájaros. En varias ocasiones se ha observado a grupos de estorninos orbitando en corrientes térmicas, apelotonados, siguiendo la trayectoria helicoidal ascendente con cierta torpeza. Son pájaros que no saben ajustar su vuelo en el interior de una columna ascendente. Para paliar sus deficiencias esperan a que entre en la columna un planeador experimentado, que en muchos casos es una rapaz como un halcón, y entonces lo imitan. Es sorprendente observar una bandada de estorninos remontando térmicas un poco más arriba de un halcón. Mientras ascienden, descansan, y cuando abandonan el nivel superior, lo más probable es que en esa capa atmosférica, el aire sople con mayor fuerza. Además, durante el ascenso, el viento los tiene que arrastrar hacia el sur, que es el rumbo que siguen en la migración. Al parecer, los estorninos hacen uso de las térmicas si encuentran un planeador experto que los guíe y si el viento los arrastra hacia el lugar adonde se dirigen.

Muchos pájaros han aprendido a extraer energía del aire para ganar altura desde la que pueden planear un largo trecho, lo que les permite mantenerse en vuelo durante prolongados periodos de tiempo, sin batir las alas, con un consumo mínimo de energía. Cazar, buscar sus presas a diario, o desplazarse durante las migraciones con un gasto energético muy reducido, son las principales ventajas que les reporta la habilidad para sonsacar del viento la mayor parte de la energía que exigen sus desplazamientos.

Podemos considerar dos modalidades de vuelo que emplean los pájaros para ganar altura a expensas del viento: el planeo térmico y el planeo dinámico. Con estos planeos el pájaro asciende a costa del movimiento del aire, sin batir sus alas y desde la elevación que ha alcanzado inicia un planeo, con pérdida de altura, en la dirección que desee trasladarse en búsqueda de otro lugar en donde las condiciones del flujo del viento le resulten favorables para recuperar la altura perdida en el descenso.

Siempre que la velocidad del viento posea una componente ascendente cabe la posibilidad de que el pájaro la aproveche para ganar altura. En la _figura 7-6_ se representa un pájaro que se enfrenta a un viento con velocidad (Vw) que tiene una componente ascendente (Vt). Si la velocidad del pájaro con respecto a tierra es V, la velocidad aparente del aire con respecto

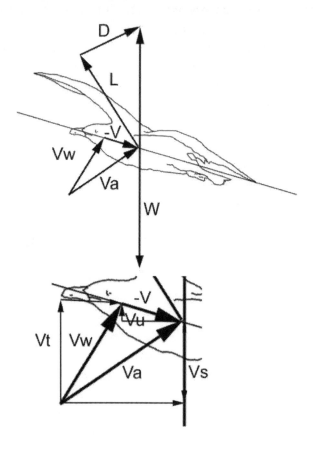

Figura 7-6. Velocidad ascensional (Vu).

al pájaro (Va) se obtendrá sumando (Vw) y (-V). El pájaro recibe el viento con una velocidad aparente (Va) que es distinta a su velocidad con respecto a tierra y a la del viento con respecto a tierra. Y esta velocidad aparente del viento es la que determina las fuerzas aerodinámicas que actúan sobre el pájaro: una sustentación (L) perpendicular a (Va) y una resistencia (D) en la dirección de (Va). Si la suma de estas dos fuerzas aerodinámicas equilibran al peso (W), el pájaro mantendrá su velocidad (V) constante y ascenderá por tanto con una velocidad (Vu). Basta con que el viento, por cualquier motivo, posea una componente de velocidad ascensional, para que el pájaro tenga la posibilidad de ganar altura y navegar en contra del viento.

El viento no tiene por qué soplar siempre en sentido horizontal, puede hacerlo con una cierta inclinación hacia arriba o hacia abajo. Una corriente térmica ascendente induce una componente vertical, también ascendente, en el viento; pero la ladera de una montaña, el flanco de una ola, o las paredes de un edificio introducen en el viento, de forma análoga, componentes de ascenso ya que este tiene que adaptar sus líneas de corriente a los obstáculos.

Es fácil de entender que siempre que la velocidad del aire con respecto al pájaro contenga una componente vertical ascendente, que sea superior a la velocidad mínima de descenso de planeo del pájaro con el aire en reposo, el ave ascenderá con una velocidad igual a la diferencia entre ambas. Hemos visto que, con el aire en reposo, un pájaro con sus alas extendidas es capaz de regular el ángulo de planeo, para cada velocidad de vuelo, ofreciendo mayor o menor resistencia al avance. La velocidad de descenso (Vs) tiene valores mínimos para cada velocidad de vuelo (V). Si el pájaro se encuentra con una corriente de aire inclinada hacia arriba, con una componente de velocidad ascendente (Vt) que es mayor que (Vs), el ave ascenderá con una velocidad (Vu=Vt-Vs).

La *figura 7-6* muestra cómo un pájaro es capaz de avanzar contra el viento y ganar altura, siempre y cuando la componente ascendente de la velocidad del viento (Vt) sea mayor que la velocidad de descenso de planeo (Vs). El pájaro mantendrá el nivel de vuelo sin ganar altura, si la componente vertical del viento es igual a la velocidad de descenso de planeo (Vs), en este caso incluso cabe la posibilidad de que permanezca inmóvil, con respecto a tierra. El análisis detallado de la figura 7-6 es muy importante para comprender el vuelo de planeo de los pájaros. Cuando el viento sopla inclinado, hacia arriba, si lo hace con suficiente fuerza, el pájaro está en condiciones de elevarse y ganar altura volando hacia barlovento. Durante muchos años los ornitólogos observaron, sorprendidos, como las aves realizaban este tipo de maniobras, sin entender cómo lo hacían. Volar y ganar altura, en contra de la dirección del viento, es algo que aparentemente viola todos los principios de la lógica; pero puede verse en la descomposición de fuerzas de la *figura 7-6* que no es así cuando la velocidad del aire tiene una componente ascendente.

Existen dos causas que originan componentes de velocidad ascendentes en el aire: las corrientes térmicas o de convección debidas al calentamiento del aire y las obstrucciones al paso del viento. La tierra calienta al aire que al perder densidad, se mueve hacia arriba. Estos flujos ascendentes forman corrientes térmicas que se superponen al régimen general del viento. De otra parte, las laderas de las montañas, los acantilados al borde del mar, los edificios e incluso las olas en el océano, obligan al viento a ajustar sus líneas de corriente a las superficies sobre las que circula, lo que también induce en la velocidad del aire componentes de ascenso.

En función del fenómeno que origine el movimiento ascendente del aire, el planeo se denomina, térmico, si son corrientes de aire cálido las que lo motivan, o dinámico si es la orografía, los obstáculos, o las olas del mar las que lo inducen. También denominaremos planeo dinámico al que efectúan algunas aves, capaces de extraer energía de los gradientes —variaciones de velocidad del viento en altura— o las ráfagas del viento.

El planeo térmico, que consiste en utilizar una corriente ascendente de aire caliente para ganar altura, puede resultar intuitivo. Quizá un poco menos intuitivo es el planeo dinámico, cuando la corriente ascendente la induce la ladera de una montaña y el pájaro también la explota para elevarse. Y mucho menos lo son, otros modos de planeo dinámico en los que las aves extraen energía de las ráfagas de viento y de los gradientes, o incrementos de velocidad del viento con la altura.

Una ráfaga consiste en un incremento súbito de la velocidad del viento que aumenta bruscamente la sustentación del pájaro y también la resistencia al avance, durante un tiempo corto. El incremento de sustentación lo impulsará hacia arriba y, aunque su velocidad disminuya, es posible que la ganancia de energía potencial supere la disminución de energía cinética. De forma análoga, cuando existe un gradiente de velocidad del aire en altura cabe la posibilidad de que al elevarse el pájaro, se produzca el mismo efecto de ganancia neta de energía. La ganancia de energía gracias al aprovechamiento de ráfagas y gradientes de velocidad es una habilidad un tanto más sofisticada que han sabido desarrollar bien algunas especies marinas.

Podemos concluir diciendo que el planeo es un modo de vuelo con las alas extendidas, muy eficiente desde el punto de vista energético, y que algunos pájaros lo utilizan para extraer energía del viento, ganando altura, y desplazarse sin batir las alas. El planeo térmico consiste en remontar las corrientes de aire ascendentes de convección, en sus diversas formas, y el planeo dinámico en ganar altura aprovechando las variaciones en la dirección y velocidad del viento inducidas por la orografía, las olas del mar o cualquier obstáculo, y la viscosidad del aire. La combinación de planeos con ganancia de altura y otros descendentes permite a los pájaros planeadores mantenerse en vuelo, con muy poco gasto de energía, durante mucho tiempo.

Corrientes de aire térmicas.

La capa límite atmosférica es el estrato de aire que está sometida a la influencia de la superficie terrestre. También se la conoce con otros nombres, como capa de convección, capa mecánica o capa de mezcla. En la capa límite atmosférica se producen corrientes de aire, debido a los desequilibrios térmicos y variaciones en la orografía y olas marinas.

El aire de la atmósfera en contacto con zonas de la superficie terrestre, sometidas a un mayor calentamiento que las circundantes, absorbe energía, aumenta su temperatura y su volumen, disminuye su densidad y asciende a capas atmosféricas más elevadas. Lo normal es que las capas de aire más altas estén un poco más frías, lo que favorece que el aire recalentado continúe subiendo. Se produce así una corriente ascendente de aire, de convección, que se conoce con el nombre de *térmica* (*Figura 8-6*) y cuya velocidad oscila entre 1 y 10 metros por segundo.

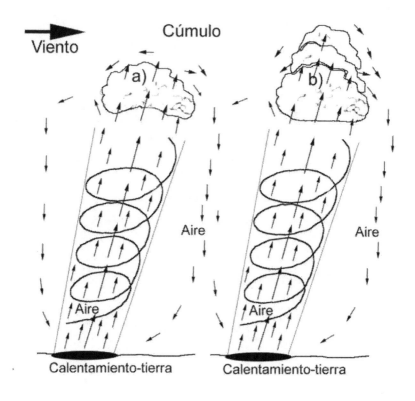

Figura 8-6 Térmicas.

Conforme la corriente de aire caliente se eleva se irá enfriando, y subirá hasta un estrato en el que la temperatura del aire se iguale o sea superior a la de la corriente ascendente. Al final del recorrido, lo más probable es que el aire caliente se condense y dé origen a un cúmulo. Las térmicas pueden detectarse observando estas formaciones nubosas en el cielo. Del cúmulo surgirá una corriente descendente, fría, que caerá hacia tierra, cerrando de este modo el circuito de circulación de aire de la térmica. El viento afecta la forma del cilindro que contiene la corriente ascendente, inclinándolo hacia sotavento. En ausencia de viento, en las proximidades de la térmica se origina una corriente hacia ella y con un viento dominante, la térmica lo "atrae" y, en sus proximidades, lo desvía. La corriente ascendente de viento en el centro de la térmica es más intensa que en la periferia y el cúmulo lo acusa adoptando una forma cóncava en su base que tiende a desaparecer tornándose convexa cuando la térmica se agota (_Figura 8-6_, a) y b)). El cúmulo se estira hacia arriba en la medida en la que la térmica progresa y cuando decae se empieza a deshilachar por los flancos perdiendo su silueta esbelta. En ocasiones, los cúmulos pueden crecer hasta formar cumulonimbos que son nubes de tormenta; en estos casos, las corrientes ascendentes son extraordinariamente violentas.

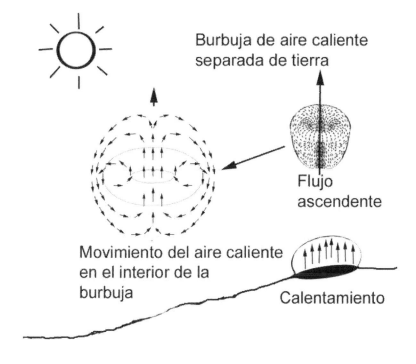

Figura 9-6. Térmicas de burbuja.

Además de las térmicas de columna ascendente las hay de otro tipo, que se encuentran encerradas en el interior de una burbuja, separada de tierra. En este tipo de térmicas la columna de aire que se ha formado cerca del suelo debido al calentamiento, según algunos expertos, se desprende y adopta una estructura toroidal que es un torbellino anillado dentro de una burbuja (_Figura 9-6_). La estructura interna de las térmicas ha dado origen a un debate en el que se consideran dos modelos: el de burbuja y el de columna, aunque desde un punto de vista práctico podemos considerar que están formadas por cilindros de aire ascendente que se ensanchan conforme ganan altura.

La formación de las térmicas se inicia poco después del amanecer, cuando el sol empieza a calentar la tierra y se intensifica a lo largo del día para empezar a decaer al comienzo de la tarde. Las térmicas se desarrollan mejor con vientos flojos y en terrenos secos; son débiles sobre zonas húmedas o pantanosas. Los campos arados, debido a que exponen una gran superficie al sol, son buenos focos para la generación de térmicas, sobre todo si están rodeados de zonas boscosas o húmedas.

Durante mucho tiempo se pensó que sobre el mar no se podían formar columnas térmicas con suficiente energía para elevar a los pájaros planeadores. Sin embargo, en 1940, Alfred H. Woodcock publicó un artículo, _Observations on Herring Gull Soaring_, en el que describió sus observaciones acerca del planeo de las gaviotas sobre el mar. A lo largo de dos años, Woodcock recorrió la costa este de América del Norte, entre las latitudes 16º y 42º a bordo del buque _Atlantis,_ adentrándose en el océano hasta 600 millas. Durante todo el invierno prevalece una corriente de aire desde el continente, que está más frío, hacia el mar. El flujo lo provoca la corriente de aire que asciende desde la superficie marítima, más caliente. Woodcock observó que con un viento de 28 millas por hora en la superficie del agua, y cinco grados de diferencia de temperatura entre el aire y el mar, las gaviotas argénteas (_Larus argentatus_) eran capaces de planear hacia barlovento al tiempo que ascendían rápidamente, lo cual indicaba la presencia de una corriente de aire térmica. Conforme el invierno avanza, las gaviotas se atreven a adentrarse en el mar y en verano, cuando el aire está más caliente que el agua, vuelan batiendo las alas casi todo el tiempo. Las condiciones óptimas para aprovechar las térmicas invernales se producen con el agua unos 6 grados más caliente que el aire y con un viento de 20 a 30 millas por hora. Si la diferencia de temperatura entre el aire y el agua es inferior a 2 grados, las gaviotas dejan de hacer uso de las corrientes de convección.

Además de estos vientos terrales de invierno, de naturaleza térmica, los vientos marinos, que soplan del noreste en el Hemisferio Norte y sureste en el Hemisferio Sur hacia el Ecuador, también dan origen a flujos ascendentes de convección que forman los típicos cúmulos de los alisios: unas nubes pequeñas que mantienen su altitud constante a unos 600 metros sobre el mar. Mientras que los cúmulos terrestres crecen durante el día y se dispersan cuando no luce el sol, los marinos siguen activos de noche al no enfriarse el agua, en ausencia de radiación solar, de forma significativa. Las térmicas sobre el mar son más débiles y producen corrientes ascendentes típicas de 1 a 2 metros por segundo (Malkus, 1953).

Las brisas, el viento que sopla del mar a tierra cuando esta se calienta, se producen casi diariamente en las costas durante el verano. El aire húmedo del mar, al elevarse puede originar una línea de nubes en forma de cúmulos en tierra, que marca el frente de la brisa (*Figura 10-6*). Si el mar está frío y la tierra se calienta mucho, como ocurre en las costas californianas de Estados Unidos durante el día, la brisa penetra en tierra 80 o 100 kilómetros y se crean corrientes ascendentes. En los cabos, las brisas a ambos lados de tierra también pueden dar origen a frentes con corrientes de aire ascendente (*Figura 11-6*).

Aunque las principales corrientes ascendentes térmicas se producen sobre la tierra, muchos pájaros marinos han aprendido a hacer uso de los flujos ascendentes de origen térmico sobre el mar. Si bien en tierra las aves rapaces, halcones, gavilanes y águilas, y las carroñeras, como los buitres leonados o los cuervos, dominan las técnicas del planeo térmico, sobre el mar, las fragatas son capaces de aprovechar térmicas muy débiles en las

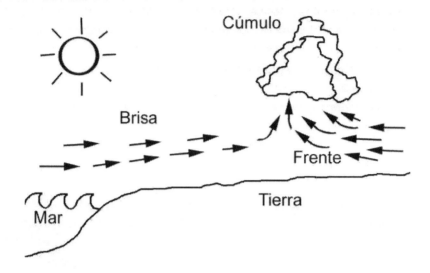

Figura 10-6. Frente de brisa.

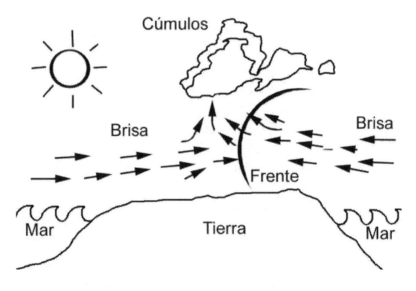

Figura 11-6. Frente en un cabo.

zonas tropicales donde soplan los alisios, las gaviotas son maestras en el arte de beneficiarse de casi cualquier térmica o corriente de obstrucción y los albatros oceánicos saben sacarle partido a los gradientes de velocidad y las irregularidades del viento sobre las olas. Las aves planeadoras utilizan múltiples recursos para extraer energía del viento y su forma de volar no es siempre fácil de entender.

Planeo térmico, ganancia de altura

En el interior de una columna de aire, térmica, con una velocidad vertical ascendente (Vt) superior a la velocidad de descenso de planeo del ave (Vs), el pájaro podrá ascender con velocidad (Vu=Vt-Vs). Para mantenerse dentro de la columna de aire, el ave deberá describir una trayectoria helicoidal. En las *figuras 12-6* y *13-6* se representan las fuerzas a las que está sometido el pájaro durante el planeo ascendente en el interior de una térmica. El viento aparente (Va) que recibe el pájaro es igual al de la térmica (Vt) con respecto a tierra, más el generado por el movimiento del pájaro con respecto a tierra (-V). De las gráficas puede deducirse que el radio de giro del pájaro en la térmica viene dado por la expresión:

$$r = \left(\frac{W}{S}\right) \frac{2\cos^2\theta}{\rho\, g\, sen\, \beta\, C_L} \quad [27]$$

En donde (W/S) representa la carga alar, θ el ángulo de descenso de planeo, ρ la densidad del aire, g la aceleración de la gravedad (9,8 m/s2), β el ángulo de balanceo en el giro y CL el coeficiente de sustentación del pájaro.

Si consideramos que los ángulos de balanceo y planeo, así como el coeficiente de sustentación no varían sustancialmente entre las aves planeadoras, el radio de giro depende fundamentalmente de la carga alar del pájaro. Conforme menor sea la carga alar, menor será el radio de giro.

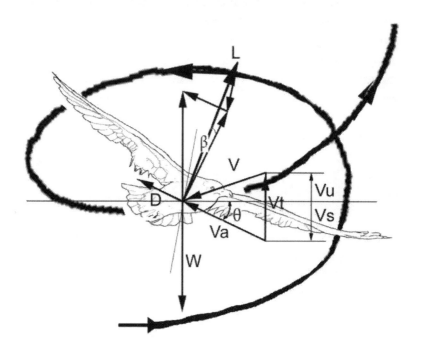

Figura 12-6. Planeo ascendente (1).

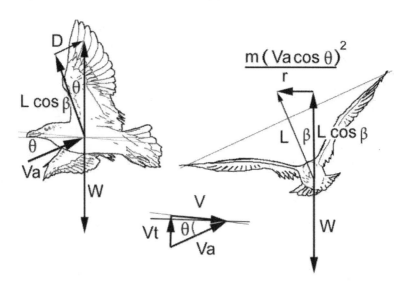

Figura 13-6. Planeo ascendente (2).

En la *Tabla 2* se muestran las características típicas del vuelo de planeo de tres aves distintas, la fragata real (Fregata magnificens), el pelícano pardo (Pelecanus occidentalis) y el buitre negro americano (Aegypius monacus). Tal y como sugiere la teoría, la fragata real —que es el pájaro con una carga alar más baja— es el que necesita un radio de giro menor para ascender en una térmica. El ángulo de balanceo (alabeo), es similar en las tres aves, alrededor de 23 grados, y la velocidad de vuelo inferior corresponde también a la fragata real por ser la de menor carga alar.

Especie	W/S	AR	R de giro	V	Vu	Ang
	N/m2		m	m/s	m/s	grad
Fragata real	36,50	12,80	12,00	7,19	0,48	23,70
Pelicano pardo	57,80	9,80	18,00	8,64	0,57	22,90
Buitre negro	54,70	5,82	17,10	8,78	0,40	24,70

Tabla 2 (Fuente: Pennycuick, 1980).

La velocidad ascensional de las térmicas depende de la altura, cerca de tierra y de los cúmulos que las coronan es pequeña y el valor máximo suele encontrarse a la mitad de la elevación de la columna. Las aves emplean un porcentaje de la columna térmica para elevarse, en función de su capacidad para aprovecharse de la velocidad ascensional del aire caliente. En un experimento realizado con cuatro especies diferentes se observó que el abejero europeo (Pernis apivoris) con la carga alar más baja de todos (31 newton por metro cuadrado) utilizaba el 91% de la columna mientras que el pelícano común (Pelecanus onocrotalus) con la mayor carga alar (84 N/m2) era el que empleaba la menor porción de la columna térmica (54%); la cigüeña blanca (Ciconia ciconia) con una carga alar de 63 N/m2, usaba el 69%, y el águila pomerana (*Aquila pomarina*), cuya carga alar era de 44 N/m2, hacía uso del 65%. El empleo que hacen las aves de las columnas térmicas también depende del motivo del vuelo. Durante las migraciones tienden a ascender más que cuando planean en busca de alimento.

Hemos visto que para ganar altura en el interior de térmicas muy débiles los pájaros deben poseer una carga alar baja y una relación de aspecto elevada. La fragata real (Fregata magnificens) es uno de los pájaros que mejor se ajusta a estas características. Es un ave que pasa la mayor parte del tiempo volando y nunca se posa sobre la superficie del mar ya que no podría despegar. Atrapa sus presas desde el aire. Se alimenta, sobre todo, de peces voladores y calamares. Para iniciar el vuelo, necesita lanzarse desde una percha. Ha desarrollado una habilidad especial para remontar las débiles térmicas que se generan en las zonas que barren los alisios. Su velocidad ascensional media es del orden de 0,4 metros por segundo y la máxima no pasa de 3,3; el precio que tienen que pagar por sus habilidades como planeadoras en térmicas muy débiles es que su velocidad de vuelo de crucero es relativamente baja: alrededor de 10 kilómetros por hora. Son unos pájaros cuya forma de volar difiere sustancialmente de los albatros; aunque en estos últimos las alas también se benefician de una relación de aspecto muy elevada, su carga alar es extraordinariamente grande. Los albatros son magníficos planeadores, pero están diseñados para volar con vientos duros y aprovechar los gradientes de velocidad en altura del viento, todo lo contrario que las fragatas.

La teoría de MacCready y la aversión al riesgo de los pájaros planeadores

Cuando un ave se traslada con la ayuda de térmicas, el pájaro asciende por una de ellas y después planea hasta la siguiente que encuentre en la dirección que pretende seguir. La velocidad de ascenso del pájaro (Vu) y la altura máxima que alcanzará en una térmica, depende de la intensidad de la corriente ascendente. El pájaro debe decidir, en el momento que inicia el planeo desde la cumbre de una térmica qué velocidad de descenso es la que mejor conviene a sus intereses.

La curva polar de planeo representa la velocidad de descenso mínima (Vs), en función de la velocidad del pájaro. En algunas ocasiones Vs se presenta en función de la velocidad total y en otras en función de la velocidad horizontal de avance. En este apartado la polar se presenta en función de la velocidad de avance o velocidad horizontal (Vh) (*Figura 14-6*).

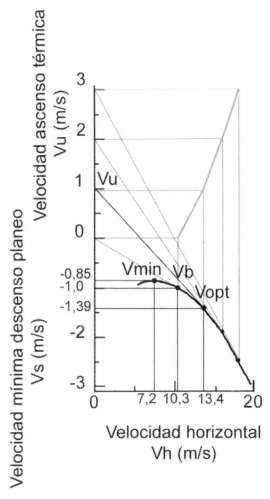

Figura 14-6. Curva polar de planeo.

Si el ave pretende mantenerse la mayor cantidad de tiempo posible en el aire durante el planeo que va a efectuar, deberá seleccionar la velocidad de vuelo horizontal que se corresponda con la velocidad de descenso mínima; si trata de maximizar el alcance, entonces la velocidad de vuelo horizontal tendrá que ser la de mejor planeo (Vb), que es la que maximiza la relación (Vh/Vs), al ofrecer el mayor avance por unidad de descenso. La velocidad de mejor planeo (Vb) se obtiene trazando la tangente, a la polar, que pasa por el origen de la gráfica. Cabe otra estrategia, y es la que definió MacCready (1958), en la que el volador trata de llegar a un punto de altura igual a la que tiene el pájaro cuando abandona la térmica, en la futura térmica, en el menor tiempo posible. Esa forma de navegar sin pérdida de altura, de térmica a térmica, es la más rápida y se supone que es la idónea para un ave cuando desea minimizar el tiempo de vuelo en su viaje. El pájaro tendrá que escoger entre permanecer el mayor tiempo posible en vuelo, recorrer la máxima distancia horizontal o cubrir la distancia horizontal con la mayor velocidad posible. Y su decisión dependerá del motivo que lo mantiene en el aire: si busca alimento, migra o regresa al nido, aunque también puede haber otros. La estrategia de MacCready, centrada en la rapidez, es coherente con las prioridades que se supone deberían tener los pájaros en los peligrosos vuelos migratorios, aunque también conlleva otros riesgos, como veremos un poco más adelante.

La velocidad de descenso del pájaro en el planeo entre las dos térmicas, que cumple con la estrategia de MacCready, se obtiene hallando la velocidad horizontal (Vopt) de planeo que minimiza el tiempo del viaje entre dos puntos que están a la misma altura en dos térmicas consecutivas (*Figura 15-6*). Para calcular esta velocidad el tiempo de vuelo (T) se puede descomponer en dos tramos: planeo (T1) y ascenso en la siguiente térmica (T2). En el tiempo de vuelo (T1), a velocidad horizontal (Vh) y de descenso (Vs), el pájaro recorre una distancia (D). El tiempo (T2) es el que emplea en recuperar la altura perdida (H) con una velocidad ascensional (Vu) en la siguiente térmica. La velocidad (Vh) durante el planeo es la incógnita a

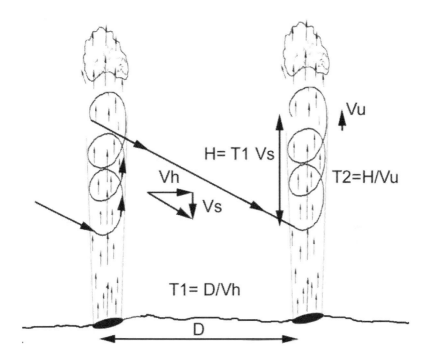

Figura 15-6 Planeo entre térmicas.

resolver y está relacionada con la velocidad de descenso (Vs) por la polar (Vs=p(Vh)).

$$T = T_1 + T_2 = \frac{D}{v_h} + \frac{H}{v_u}$$

$$H = -v_s\, T_1 = -\frac{D v_s}{v_h}$$

El valor de Vs es negativo.

$$v_s = p(v_h)$$

$$T = D\left[\frac{1}{v_h} - \frac{p(v_h)}{v_u v_h}\right]$$

$$\frac{dT}{dv_h} = D\left[-\frac{1}{v_h^2} - \frac{1}{v_h}\left(\frac{dp(v_h)}{dv_h}\right)\frac{1}{v_u} + \frac{1}{v_h^2}\frac{p(v_h)}{v_u}\right] = 0$$

$$\frac{1}{v_h}\left(\frac{dp(v_h)}{dv_h}\right)\frac{1}{v_u} = \frac{1}{v_h^2}\left(\frac{p(v_h)}{v_u} - 1\right)$$

$$\left(\frac{dp(v_h)}{dv_h}\right) = \frac{p(v_h) - v_u}{v_h} \quad [\,28\,]$$

La condición que expresa la ecuación [28] se cumple para la velocidad horizontal (Vh) que corresponde al punto de contacto de la tangente a la polar, trazada desde la ordenada de velocidad ascensional en la térmica (v_u). En la *figura 14-6* se ha representado la polar aproximada de un halcón. Para una velocidad ascensional en una térmica (Vu=1 m/s), la tangente trazada desde este punto a la polar define la velocidad horizontal óptima (Vopt=13,4 m/s) de acuerdo con la estrategia de MacCready; es la velocidad más rápida para viajar entre térmicas. Sin embargo no es la que permitiría un mayor alcance de planeo. Esta velocidad es (Vb=10,3 m/s), definida por la tangente a la polar trazada desde el origen de coordenadas. Y por último, en la polar puede verse la velocidad de menor velocidad de descenso en planeo (Vmin=7,2 m/s) que es la que permitiría al planeador permanecer más tiempo en el aire. En la *Tabla 3* se muestra para cada una de estas velocidades horizontales, la velocidad de descenso en planeo (Vs), el ángulo de planeo (teta), la distancia horizontal máxima que puede planear el pájaro en cada caso suponiendo que el planeo se inicia a una altura de 1200 metros (D), y la velocidad horizontal eficaz (Vhef). Esta velocidad de desplazamiento horizontal es la que se tiene considerando el tiempo perdido que tarda el planeador en recuperar la altura horizontal, ascendiendo por la térmica (con una velocidad de ascenso Vu=1 m/s). La velocidad horizontal eficaz (Vhef), resulta independiente de la distancia a la que se encuentren las térmicas, siempre y cuando el pájaro sea capaz de llegar a la siguiente planeando, y la intensidad de las térmicas sea la misma. Con la mejor velocidad de planeo (Vb) el pájaro recorre horizontalmente 12 402 metros, 805 más que con la velocidad óptima (Vopt).

	Vh m/s	Vs m/s	Teta grad	D m	Vhef m/s
Vh=Vb	10,34	-1,00	5,50	12408	5,20
Vh=Vopt	13,44	-1,39	5,90	11603	5,60
Vh=Vmin	7,27	-0,85	6,70	10239	3,90

Tabla 3. Velocidades horizontales de planeo.

La velocidad óptima (Vopt) de la teoría de MacCready es la que proporciona un tránsito más rápido a las aves, lo que siempre se ha considerado como un elemento muy deseable durante las migraciones. Sin embargo el problema que plantea es que las térmicas pueden distanciarse más de lo deseable y no siempre tienen la misma intensidad. Si el pájaro no encuentra otra térmica cuando se agote su altura, se verá forzado a batir las alas para continuar volando. Es más conservador para un pájaro, planear con la mejor velocidad (Vb) ya que al disponer de mayor alcance será menos probable que tenga que recurrir al vuelo de aleteo para cubrir el último trecho antes de llegar a la siguiente térmica. En la _figura 16-6_, se muestran las trayectorias que volarían dos pájaros, uno conservador que ha elegido la velocidad (Vb) y otro más arriesgado que opta por (Vopt), si las térmicas quedan fuera del alcance de planeo de esta última velocidad.

Nir Horvitz (2014) y un grupo de científicos observaron las estrategias de planeo de 1346 pájaros de 12 especies distintas. Los autores del ensayo introdujeron un concepto muy interesante: el índice de vuelo de aversión al riesgo (RAFI). Dicho índice lo definieron de acuerdo con la siguiente expresión:

$$RAFI = \frac{v_{opt} - v_h}{v_{opt} - v_b} \, [29]$$

Si la velocidad de vuelo horizontal del pájaro (Vh) es igual a la óptima de MacCready (Vopt), RAFI es igual a cero (mínimo), y por tanto se trata de un ave con ninguna aversión al riesgo, muy arriesgada. Si la velocidad de vuelo horizontal (Vh) es igual a la de mejor planeo (Vb), RAFI es igual a 1 y el ave tiene una gran aversión al riesgo, es muy conservadora. Los valores intermedios de 0 a 1, gradúan la aversión al riesgo del volador.

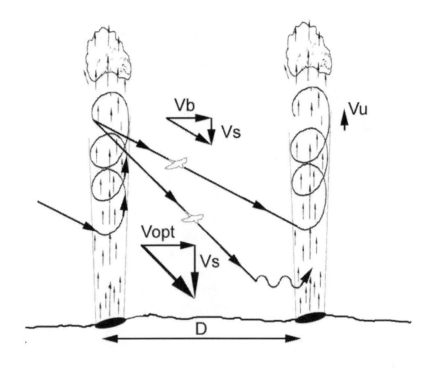

Figura 16-6 Planeos entre térmicas.

Los resultados del experimento de Horvitz demostraron que los pájaros con mayor aversión al riesgo eran los que poseían una carga alar más elevada, mientras que los arriesgados contaban con una carga alar menor. Así pues, la cigüeña blanca (Ciconia ciconia, W/S=54,2 newtons/m2) efectuó los vuelos con un RAFI=0,999, mientras que el busardo ratonero (Buteo buteo, W/S=27,4 N/m2) los realizó con un RAFI=0,109. Justo en un valor intermedio se situó el águila pomerana (Aquila pomarina, W/S=38,4 N/m2, RAFI=0,39). Parece lógico que los pájaros a los que el vuelo de aleteo les suponga mayor esfuerzo, sean los menos proclives a asumir riesgos cuando tienen que realizar largos vuelos de planeo.

Corrientes ascendentes originadas por obstrucción del viento

El viento al encontrarse con cualquier obstáculo sobre la superficie de la tierra tiene que bordearlo con lo que las líneas de la corriente de aire siguen las irregularidades del terreno. Existen por tanto corrientes ascendentes en el lado de barlovento de una cadena montañosa, o de cualquier otro obstáculo de menor tamaño. Para que la ladera de la montaña cree una corriente ascendente capaz de generar sustentación en las alas de las planeadoras, la inclinación debe ser mayor de 30 grados y el viento tiene que poseer una fuerza de unos 15 nudos o más. La corriente ascendente se eleva dos o tres veces la altura del obstáculo montañoso. Si el viento arrecia, la corriente no gana más altura y se forman torbellinos. El viento que sopla del mar, al llegar a la franja costera, origina corrientes ascendentes importantes, sobre todo si hay acantilados.

También se producen, detrás de un promontorio abrupto y a sotavento, una serie de ondas y turbulencias, cerca de tierra, si el viento sopla con cierta fuerza. La corriente de aire debe remontar el promontorio pasar por encima y, una vez superado, descender. Este ascenso y descenso origina una onda que se propaga hacia sotavento y que suele estar acompañada de nubes lenticulares. Las ondas inducen corrientes ascendentes que alcanzan los 10 000 metros de altura. (*Figura 17-6*)

Pero no solo los grandes obstáculos producen corrientes ascendentes, un pequeño barco de pesca, un edificio o un bosque también lo hacen. Hay pájaros como las gaviotas capaces de planear con la ayuda de un viento terral y acercarse a un pesquero para aprovechar la corriente ascendente que produce el casco y la superestructura del barco al obstruir el viento, ascender, y planear después hacia la costa en busca de las irregularidades en las corrientes de aire que inducen las edificaciones. Las trayectorias que dibujan las gaviotas en el aire demuestran su extraordinaria habilidad para beneficiarse de los caprichos del viento.

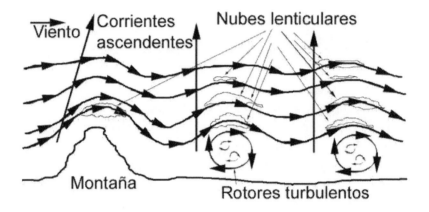

Figura 17-6. Efectos de montaña en el viento.

Gradiente de la velocidad del viento con la altura

El viento no sopla con la misma velocidad a 10 metros de altura que a 100, sobre la tierra o el mar. La velocidad del viento, en función de la altura, sigue aproximadamente la ley exponencial de Hellmann:

$$v_{h=}v_{10}\left(\frac{h}{10}\right)^{\alpha} \text{ [30]}$$

En donde v_h es la velocidad del viento a una altura determinada, v_{10} la velocidad del viento a 10 metros de altura, h

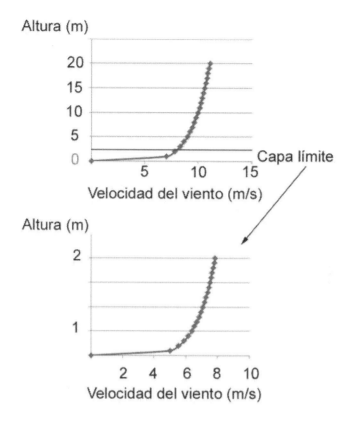

Figura 18-6 Gradiente de velocidad del viento en altura sobre el mar.

la altura y α un parámetro que depende del tipo de superficie sobre la que se mueve el viento. La fórmula da resultados bastante aproximados para alturas comprendidas entre los 10 y los 200 metros. Sobre el mar (α=0,14), si el viento sopla a 10 metros de altura con una velocidad de 54 kilómetros hora (km/h), aplicando la fórmula de Hellmann, a 100 metros su velocidad será de 74,5 km/h, y a 200 metros de 82,14 km/h.

Sobre el océano, si a 10 metros de altura sopla un viento de 10 m/s, en los dos primeros metros se produce el 72% del incremento de velocidad. Estos dos metros constituyen la capa límite que se encuentra adherida a la superficie del agua y que debido al movimiento de las olas, en los valles se desprende, formándose allí torbellinos en la cara de sotavento de las olas. Por lo tanto, en el mar podemos distinguir: una corriente ascendente sobre el flanco de barlovento de la ola, una capa límite en la que el gradiente de velocidad del viento es muy acusado y una zona, prácticamente sin viento, con un torbellino en los senos de las olas. Como las olas se mueven, en cada punto físico de las proximidades de la superficie las condiciones cambian de forma periódica (*Figura 18-6*).

Planeo en corrientes ascendentes sobre las olas

Con viento, sobre la superficie del mar, parece intuitivo que la corriente del aire se desvíe hacia arriba cuando se topa con el flanco de la ola de barlovento y hacia abajo sobre el de sotavento. Estas ondulaciones generarían una corriente ascendente en el lado de barlovento de la ola. Sin embargo, el asunto es un poco más complejo.

En el mar, el gradiente de la velocidad del viento en altura es muy acusado en un estrato de unos 2 metros de espesor: la capa límite. Con vientos frescos y algo de mar, la capa límite no está adherida a la superficie del océano, sino que se desprende y pasa por encima de las crestas de las olas. Esto hace que, en el seno, entre dos crestas, se genere un vórtice: "torbellino de sotavento".

El escenario es aún más complicado porque las mismas olas generan corrientes de viento sobre el mar que se combinan con las producidas por el viento. Se ha visto planear sobre el océano a los albatros en situaciones sin viento, pero con oleaje. En un estudio realizado por Froude (1988), se comprobó que la velocidad orbital de las olas marinas induce en el flanco que mira a la dirección del movimiento de la ola un viento con una componente vertical hacia arriba del orden de 1 m/s, cuando las características de las olas son las siguientes: 150 metros de longitud de onda, amplitud de un metro, periodo de 10 segundos y velocidad de 15 m/s. Los albatros, cuya velocidad mínima de descenso en el planeo es de alrededor de 0,6 m/s, pueden mantenerse a nivel con esas corrientes de aire generadas por las olas, en ausencia de viento. Que las olas inducen viento es bastante intuitivo. El flanco de la ola que se levanta empuja el aire que se desplaza al hueco producido por el flanco que se hunde. Las partículas de la superficie de una ola describen un movimiento circular, no viajan con la ola. En el flanco que mira a la dirección en la que se mueve la ola la velocidad de las partículas en las superficie es ascendente y en el contrario descendente (_Figura 19-6_). El movimiento orbital induce un torbellino en el seno de la ola que establece una corriente ascendente en el frente de la ola orientado en la dirección de su marcha, y otra descendente en flanco contrario.

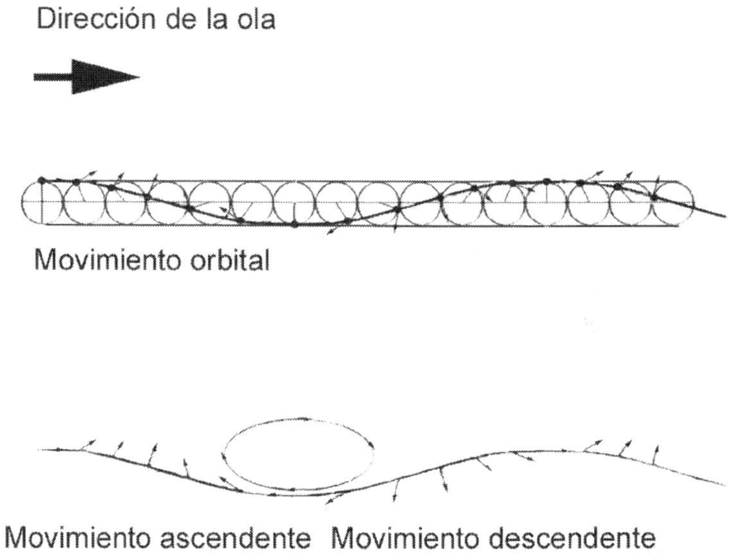

Dirección de la ola

Movimiento orbital

Movimiento ascendente   Movimiento descendente

Figura 19-6 Corrientes de aire inducidas por las olas.

Las corrientes de aire producidas por la ola se acoplan con las generadas por el viento.

Si el frente de olas se propaga en dirección contraria a la del viento, la corriente ascendente inducida por el movimiento orbital está en el flanco de barlovento. En estas condiciones, con relativamente poco viento los pájaros logran planear muy bien. Algo parecido ocurre cuando las olas se propagan en la dirección del viento, pero con mayor velocidad que el viento.

Si el viento es fresco y sopla en la misma dirección que las olas, más deprisa que ellas, en el flanco de barlovento la corriente ascendente creada por el aire se debilita por efecto de la descendente que origina el movimiento de la ola. La zona de viento ascendente se sitúa entonces sobre el flanco de sotavento (*Figura 20-6*).

Los pájaros oceánicos saben utilizar estas corrientes ascendentes para navegar y en sus largos viajes alternan el planeo sobre las olas, con otras técnicas de aprovechamiento del gradiente de velocidad del viento.

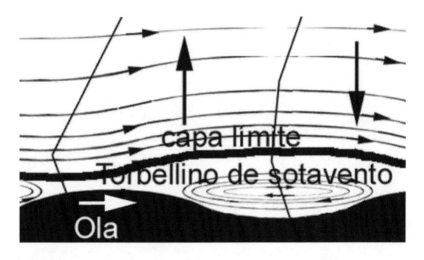

Figura 20-6. Corrientes de aire con viento y oleaje.

Planeo dinámico

Los albatros son maestros en el ejercicio de esta clase de maniobras. Son pájaros oceánicos de gran envergadura (hasta 3,4 metros), sus alas muy alargadas poseen una relación entre sustentación y resistencia (L/D) excepcionalmente grande (del orden de 20). Se trata de un pájaro legendario sobre el que los marinos han elaborado toda clase de historias. Dicen los hombres de mar que matarlo acarrea desgracias, aunque los marineros nunca se privaron de darle caza en lugares remotos del océano, donde quizá nadie los viera, para mitigar el deseo de comer algo de carne fresca en sus largos viajes. El temor de las desgracias estaba asociado a la creencia de que en su interior habitaban almas de náufragos ahogados. Menos respeto les tenían los maoríes de las Islas Cook que con sus huesos hacían flautas.

Los albatros adultos suelen tener la espalda y la parte superior de las alas en tonos oscuros y el pecho blanco. La mayor parte de ellos habita en los océanos del hemisferio sur, aunque también pueden encontrarse en las islas Galápagos, de Hawái a Japón y de Alaska a California, en el Pacífico Norte. Su vuelo se caracteriza por la ausencia del movimiento de las alas que las mantienen extendidas, planeando, prácticamente todo el tiempo. Recorren grandes distancias sobre el mar y vuelan cuando hace viento, si amaina descansan flotando en el agua. Un viaje típico de uno de estos pájaros dura alrededor de 10 días, en los que recorre hasta 1000 kilómetros diarios. En un año son capaces de dar varias vueltas al polo, girando en el sentido de las agujas del reloj si viajan hacia el sur y en sentido contrario cuando lo hacen hacia el norte.

Los albatros y los petreles gigantes poseen un mecanismo en el hombro mediante el cual cuando se extiende completamente el ala se bloquea, de forma que es imposible moverla hacia arriba. Esto les permite mantenerlas en posición de planeo sin realizar ningún esfuerzo. Cuando el húmero se retrae un poco con respecto a la posición de extensión máxima del ala, la articulación del hombro se desbloquea para permitir que el ala pueda levantarse. Este sistema de blocaje funciona gracias a un tendón que se inserta en la quilla y que forma parte del paquete de músculos pectorales del pájaro.

En mediciones que se han efectuado del ritmo cardíaco del albatros de ceja negra (Talassarche melanophrys) ha podido comprobarse que cuando el pájaro descansa sobre el mar su corazón late a unas 150 pulsaciones por minuto; incluso más que cuando planea (144 ppm). Esto nos puede dar una idea del poco esfuerzo que le supone al albatros de ceja negra el ejercicio del vuelo de planeo. En el mismo estudio (de Kentaro Q. Sakamoto, de la universidad de Hokkaido), se verificó que durante el despegue y el aterrizaje el ritmo cardíaco aumentaba a unas 200 ppm y que en los vuelos de crucero, los albatros, tan solo consumen un 4,6% del tiempo en vuelo de aleteo y planean durante el resto de la duración del viaje. Sin embargo, ese 4,6% de tiempo total en el que vuelan moviendo las alas, es responsable del 13,3% de la energía que gastan en la totalidad del trayecto.

Los albatros extraen energía del viento, aunque la técnica que emplean ha sido objeto de discusiones durante muchos años. Para ello, hacen uso de las corrientes ascendentes sobre las olas, los gradientes de velocidad en altura y las ráfagas de viento.

Las explicaciones técnicas detalladas de por qué y cómo un albatros, o cualquier otro pájaro, es capaz de extraer energía del viento cuando existe un gradiente de velocidad en altura pueden resultar un tanto complicadas. Si un pájaro pasa de un nivel de vuelo a otro superior, próximo, en el que la componente frontal de la velocidad del viento es mayor, es como si se encontrara con una ráfaga. El efecto de un gradiente de velocidad en altura o de una ráfaga, sobre el vuelo del pájaro, es el mismo. Cuando se produce un incremento brusco de la velocidad del aire (en la dirección del vuelo y sentido opuesto), cabe la posibilidad de que el pájaro extraiga energía del aire. Esto explica que las aves que vuelan en una zona protegida por el viento —un albatros que planea en el interior del seno de una ola en el océano, o una gaviota que se aproxima, casi a ras de mar, al costado de un barco pesquero— en el momento en que se asoman al espacio que ya no está resguardado por el obstáculo, pueden absorber energía de la ráfaga que experimentan.

Si un pájaro planea entre dos olas, en un seno, y se eleva por encima de las crestas hacia barlovento, se encontrará casi inmediatamente con un estrato de aire en el que la velocidad del viento se incrementa muy rápidamente: la capa límite. El efecto de atravesar esta zona es similar al que le produciría una ráfaga de viento. Con viento y oleaje, existe una capa sobre las olas, cercana a las crestas, en la que el gradiente de velocidad con la altura es muy grande. Algunos pájaros, planeadores oceánicos, han aprendido a navegar siguiendo trayectorias que la atraviesan en el momento que necesitan una inyección de energía para continuar el vuelo.

Cuando el pájaro se encuentra con un incremento rápido de la velocidad del aire que recibe en la dirección del vuelo, la sustentación crece, lo que genera una fuerza ascendente que lo levanta y aumenta su energía potencial. Por el contrario, la velocidad de avance disminuye, debido a la resistencia que también se incrementa, lo que produce una aminoración de su energía cinética. Al principio el pájaro se eleva muy poco, pero como la aceleración es grande, su velocidad de ascenso aumenta con rapidez. Si la ráfaga supera los 3 m/s, es fácil que el incremento de energía potencial exceda a la disminución de la energía cinética, durante varios segundos. En este caso, el pájaro acumulará energía de forma progresiva hasta el momento en el que la velocidad haya disminuido tanto que no genere suficiente sustentación para seguir ganando altura. Si en ese punto la energía mecánica total (suma de la energía potencial y la cinética), es superior a la que poseía cuando se encontró con la ráfaga, el volador habrá extraído energía del aire. El suplemento de energía le permitirá seguir navegando, durante un trayecto adicional, en cualquier dirección. Si ajusta su trayectoria para repetir la maniobra de acopio de energía cuando la agote, podrá desplazarse durante un tiempo ilimitado sin mover las alas.

En el planeo dinámico, la trayectoria de extracción de energía es un ascenso a barlovento con un gradiente frontal de velocidad del aire en altura. A continuación el pájaro puede realizar distintas maniobras que finalicen en una posición que le permita repetir el proceso de acopio de energía. Se han publicado numerosos artículos sobre las trayectorias que siguen los albatros en sus planeos dinámicos, demasiadas veces descritos con cierta complejidad matemática. Además, en muchos casos se maneja de forma indistinta la velocidad relativa del aire con respecto al pájaro o la del pájaro con respecto a tierra, para determinar su energía cinética, lo cual induce a confusiones. Antes de tratar, aunque sea someramente, los ciclos de trayectorias de los planeadores dinámicos, intentaré explicar siguiendo un método sencillo y riguroso qué ocurre durante el tramo de extracción de energía, cuando un albatros se enfrenta a una racha de aire y qué condiciones deben darse para que dicho evento se salde con un balance positivo de energía para el planeador.

Tomaré, para ilustrar el ejercicio, un albatros cuyas características físicas y de vuelo resumo en el gráfico de la *figura 21-6*. Los parámetros son típicos de los albatros descritos en la literatura técnica. El pájaro tiene una masa de 10 kilogramos y la envergadura de sus alas es de 3,5 metros. Para los planeos de máximo alcance y de menor velocidad de descenso, se ha calculado la sustentación (L) y resistencia (D) a partir del ángulo de planeo y el peso del pájaro. Los parámetros K1 y K2 también se han calculado como las constantes de proporcionalidad que, multiplicadas por el cuadrado de la velocidad del viento sobre el pájaro, nos dan las fuerzas de sustentación y resistencia respectivamente. Estos parámetros (K1 y K2) incluyen el efecto de la superficie alar o frontal, la densidad del aire y los coeficientes de sustentación o resistencia.

Vamos a ver qué sucede con nuestro pájaro cuando volando en una zona sin viento, protegido por los flancos de dos olas se encuentra con una ráfaga de viento (capa límite). Supondremos que inicialmente el albatros vuela a una velocidad, ligeramente superior a la del planeo de máximo alcance, que le permite mantener su altura constante (16,01 m/s). En estas condiciones, la sustentación del pájaro tiene que equilibrar el peso (L=10x 9,8= 98 newtons). El pájaro no podrá mantener esta velocidad mucho tiempo ya que la fuerza de resistencia al avance (D) frenará la marcha del ave. En ese momento el ave posee una energía potencial que viene dada por su masa multiplicada por la gravedad y la altura de vuelo y una energía cinética que es la mitad del producto de su masa por el cuadrado de la velocidad con respecto al suelo. La energía total es la suma de las dos. Con respecto a la energía potencial (Ep), vamos a tomar el nivel de vuelo de este instante como referencia (Ep=0, para el nivel de vuelo inicial). La energía cinética (Ec), en función de la masa del pájaro y su velocidad, vale: Ec=1281,6 julios. Como suponemos que el aire está en calma, la velocidad del pájaro con respecto al suelo y con respecto al aire coinciden (16,01 m/s).

ALBATROS	
Masa Kg	10
Envergadura m	3,5
Relación de aspecto	15
MÁXIMO PLANEO	
(L/D)	21,17
Velocidad m/s	16,00
Velocidad descenso m/s	0,76
Velocidad horizontal m/s	15,98
Ángulo planeo grados	2,70
Sustentación (L) Nw	97,89
Resistencia (D) Nw	4,62
K1	0,382
K2	0,018
MÍNIMA VELOCIDAD DESCENSO	
(L/D)	18,40
Velocidad m/s	11,50
Velocidad descenso m/s	0,62
Velocidad horizontal m/s	11,48
Ángulo planeo grados	3,11
Sustentación (L) Nw	97,86
Resistencia (D) Nw	5,32
K1	0,740
K2	0,040

Figura 21-6. Parámetros del albatros.

Volando en las condiciones anteriores, el pájaro se encuentra con una ráfaga frontal de viento de 5 m/s, la velocidad aparente del viento pasará de 16,01 m/s a 21,01 m/s; sin embargo, la velocidad con respecto a tierra, en el instante en que se presente la ráfaga, sigue siendo 16,01 m/s. La aparición de una ráfaga no varía la cantidad de energía mecánica que posee el pájaro, que depende exclusivamente de su altura y su velocidad con respecto a tierra.

En cuanto a las fuerzas de sustentación (L) y resistencia (D), sabemos que son proporcionales al cuadrado de la velocidad del aire con respecto al pájaro y podemos expresarlas como:

$$L = \frac{1}{2}\rho\, c_L\, S\, v_a^2 = k_1 v_a^2$$

$$D = \frac{1}{2}\rho\, c_D\, S\, v_a^2 = k_2 v_a^2$$

Mientras el pájaro volaba en condiciones muy próximas a las de máximo planeo los valores de K1 (0,382) y K2 (0,018) sabemos cuáles eran. En el momento en que aparece la ráfaga de viento de 5 m/s ya no tienen por qué ser los mismos. El valor de estos parámetros depende de la densidad del aire, de la superficie de las alas y de los coeficientes de sustentación y resistencia del volador. El pájaro puede regular la superficie de las alas, desplegándolas más o menos, así como el coeficiente de sustentación cambiando el ángulo de ataque, lo que a su vez modifica el coeficiente de resistencia. Es prácticamente imposible conocer con exactitud los valores de K1 y K2, ya que dependen de la compleja geometría que en cada momento adopte el pájaro, pero podemos suponer que el ave los adaptará para lograr sus propósitos. En este caso concreto, el pájaro sabe lo que pretende hacer y espera la ráfaga porque se dirige conscientemente hacia la capa límite para aprovecharla. Lo lógico es que como lo que busca es un empuje vertical, en cuanto perciba el incremento del viento ajuste la superficie alar y el ángulo de ataque para conseguir una aceleración vertical útil a sus propósitos y al mismo tiempo soportable, sin que la nueva configuración le suponga una resistencia al avance excesiva. Valores superiores a 3g de aceleración le resultarán bastante incómodos, aunque el nivel de confort dependerá del entrenamiento y características de cada pájaro. Y también hay que tener en cuenta que al incrementarse la sustentación también aumenta la resistencia, por lo que el pájaro deberá intuir, gracias a su experiencia, cual es la configuración que mejor se adecúa a sus propósitos y adaptarla de forma automática. De otra parte sabemos que K1 se mueve en la franja (0,38-0,74) en planeos que van del mejor planeo o máximo, al de mínima velocidad de descenso. Este último se corresponde con una configuración de máxima sustentación. Supondremos, en este ejercicio, que el pájaro adopta, al sentir la racha, una configuración que le otorga a K1 un valor intermedio, entre el que tiene cuando efectúa el mejor planeo (0,382) y el que se corresponde con el planeo de menor velocidad de descenso (0,740): haremos K1 igual a 0,5; K2 lo he extrapolado, a partir de K1, teniendo en cuenta sus valores en los planeos anteriores (0,18-0,040). Así, con K1=0,5 y K2=0,0253, y la nueva velocidad del aire con respecto al pájaro (16,01+5=21,01 m/s), podemos calcular las fuerzas de sustentación y resistencia que aparecen con la ráfaga:

$$L = k_1\, v_a^2 = 220,71\, Nw$$

$$D = k_2\, v_a^2 = 11,19\, Nw$$

La fuerza de sustentación (L=220,71 Nw), que es superior al peso (98 Nw), produce una importante aceleración vertical, hacia arriba de 12,27 m/s2, que levantará al pájaro, y la resistencia (D=11,19 Nw) otra aceleración, hacia atrás de 1,12 m/s2 que lo frenará. La aceleración de 12,27 m/s2 (1,25 g) es perfectamente soportable para el albatros.

Si aceptamos que durante una centésima de segundo las fuerzas permanecen constantes, al cabo de este tiempo la velocidad horizontal del albatros habrá pasado de 16,01 m/s a 15,99 m/s, pero la aceleración vertical le habrá conferido una velocidad ascensional de 0,12 m/s. El nivel de vuelo será ahora 0,0006 metros más elevado. Una centésima de segundo después de interceptar la racha, la energía potencial se habrá incrementado, de cero a 0,06 julios; no lo suficiente como para compensar la pérdida de energía cinética que habrá disminuido de 1281,6 a 1279,89 julios, por lo que la energía total (1279,95 julios) será inferior a la inicial (1281,6 julios).

Si seguimos realizando iteraciones, es decir los mismos cálculos, cada centésima de segundo, podemos comprobar que durante 0,32 segundos la energía total continúa disminuyendo, pero a partir de este momento empieza a aumentar; es el tiempo que ha tardado la aceleración vertical en inducir una velocidad ascensional que permita al incremento de energía potencial compensar la pérdida de energía cinética producida por la resistencia al avance. A los 0,54 segundos la energía total vuelve a ser igual a la inicial y a partir de aquí crece hasta alcanzar un valor máximo de 1714,34 julios a los 3,02 segundos.

Resulta que 3,02 segundos después del inicio de la racha de viento de 5 m/s el pájaro ha extraído del aire una energía igual a 432,74 julios; ha subido una altura de 17,33 metros, con respecto al nivel que tenía cuando le alcanzó la ráfaga; ha avanzado 22,85 metros, hacia barlovento. La velocidad del pájaro con respecto a tierra se ha reducido a 1,76 m/s (componente horizontal, hacia barlovento) y 0,2 m/s (componente vertical, hacia arriba). Si en ese momento efectuara una caída libre, la energía acumulada total, de 1714,34 julios, se convertiría en energía cinética que en el nivel de vuelo que mantenía cuando se encontró con la ráfaga le conferiría una velocidad, con respecto a tierra, de 18,5 m/s (2,4 m/s más de velocidad de la que tenía cuando inició el ascenso) y además ha avanzado 22,85 metros hacia barlovento.

En la _figura 22-6_ se muestra un gráfico con las fuerzas a que se ve sometido el albatros y en los siguientes gráficos (_23-6,24-6,25-6_) se presentan los resultados de la simulación: energía, aceleraciones, velocidades, elevación y avance del albatros. Aunque los datos se han calculado con intervalos de centésimas de segundo, se presentan en una escala de tiempo de décimas de segundo. En los cálculos se supone que el pájaro mantiene constantes los valores de K1 y K2. El ángulo es el que forma el viento aparente con la horizontal. Cuando la velocidad del pájaro adquiere una componente vertical el viento aparente

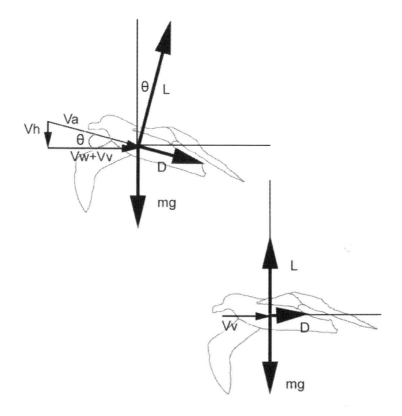

Figura 22-6. Fuerzas sobre el albatros, antes y después de la racha.

forma un ángulo (θ) con la horizontal, de forma que las aceleraciones horizontal (a_h) y vertical (a_v) a que se ve sometido el albatros se calculan a partir de las siguientes ecuaciones:

$m\,a_h = L\,sen\theta + Dcos\theta$ [31]

$m\,a_v = L\,cos\theta - Dsen\theta - mg$ [32]

Si mantenemos los parámetros del ejercicio anterior, pero variamos la intensidad de la racha, podemos comprobar que para rachas por debajo de los 3 m/s, la energía que se extrae del viento es nula o insignificante. Hay, por tanto, un valor mínimo de intensidad de racha por debajo del cual la energía potencial inducida por la aceleración vertical no es capaz de superar la pérdida de energía cinética que origina la mayor resistencia y la consiguiente disminución de la velocidad.

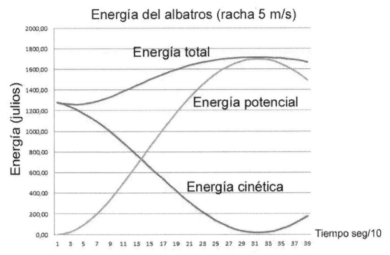

Figura 23-6. Evolución de la energía del albatros (racha 5 m/s).

Con el ejercicio de simulación del comportamiento del albatros frente a un incremento súbito del viento, tan solo he pretendido ilustrar con números concretos el mecanismo de extracción de energía de los gradientes de velocidad del viento que utilizan los pájaros oceánicos. Las observaciones que se han hecho de estas aves concuerdan con los resultados de la simulación. Con vientos de 3 a 5 m/s los albatros efectúan planeos dinámicos a barlovento, que les reportan rápidos ascensos de 15 a 20 metros, y este es el método principal que utilizan para extraer energía del aire.

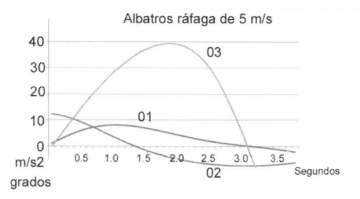

01 Aceleración vertical m/s2
02 Aceleración horizontal m/s2
03 Ángulo de la velocidad del viento con la horizontal °

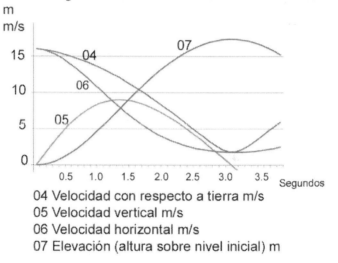

04 Velocidad con respecto a tierra m/s
05 Velocidad vertical m/s
06 Velocidad horizontal m/s
07 Elevación (altura sobre nivel inicial) m

Figura 24-6. Evolución de la aceleración, velocidad y elevación del albatros (racha de 5 m/s).

Las trayectorias que se describen de los albatros, en la mayoría de los artículos de la bibliografía existente, son variaciones de la que representa la *figura 26-6*. El albatros planea a baja altura, sobre el mar y gira hacia barlovento para iniciar un rápido ascenso, enfrentándose al acusado gradiente de velocidad en altura del viento en la capa límite. Se eleva y desde la altura alcanzada, unos 15 o 20 metros, vira y ejecuta un planeo a sotavento que finaliza con otro viraje hacia barlovento para repetir el ciclo. La trayectoria sigue una línea quebrada cuyo ángulo con respecto a la dirección del viento lo decide el pájaro en función de sus necesidades de vuelo.

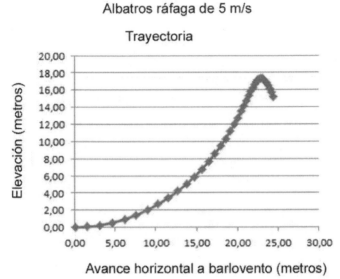

Figura 25-6. Elevación y avance horizontal del albatros (ráfaga de 5 m/s).

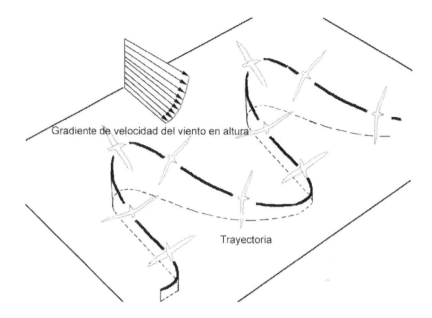

Gradiente de velocidad del viento en altura

Trayectoria

Figura 26-6. Trayectoria del albatros sobre el océano.

Paracaidismo

Cuando en un planeo la relación entre la sustentación (L) y la resistencia (D) es menor que la unidad, el ángulo de descenso es mayor de 45 grados. Los planeos con ángulos superiores a 45 grados se consideran normalmente como descensos del tipo paracaidista.

Las aves que hacen un uso frecuente de este tipo de vuelo tienen alas cuya relación de aspecto (AR) es de 1 a 3, con las que se puede obtener una gran sustentación ya que soportan ángulos de ataque elevados sin entrar en pérdida. Además, estas alas cuadradas son muy estables lo que favorece el efecto paracaídas. El paracaidismo es un tipo de vuelo que suelen practicar animales primitivos, como la ardilla voladora, aunque muchas aves lo emplean en determinadas fases del vuelo.

Capítulo 7

Aleteo

Cinemática del vuelo de aleteo de las aves

En general, el movimiento de la punta del ala durante el vuelo de aleteo, en un ave, es hacia adelante y abajo durante el movimiento descendente y hacia atrás y arriba durante el ascendente; su trayectoria, con respecto al cuerpo del ave, es elíptica. Marey describió con detalle el movimiento completo de las alas de los pájaros cuando vuelan batiendo las alas, pero estas descripciones no se ajustan en todos los casos a la realidad que es bastante más compleja. La cinemática varía en función de las diferentes especies e incluso dentro de las mismas, depende de cada individuo y las circunstancias. Aunque los mismos pájaros, en idénticas circunstancias, baten las alas de un modo muy parecido, las variaciones entre individuos y especies son suficientes como para considerar que una descripción de carácter general no deja de ser una aproximación con múltiples excepciones.

En la *figura 1-7* se ve cómo durante el movimiento descendente de aleteo las puntas de las alas sufren una torsión; además del giro de la mano, las plumas primarias, conforme se alejan del cuerpo están sometidas a la presión aerodinámica que induce la torsión, de forma natural, del plano del ala, acentuada en los extremos. Si observamos los perfiles (forma de la sección del ala), a distintas distancias del cuerpo (1, 2, 3, 4), es fácil comprender que los más alejados muestran una inclinación mayor, lo que hace que la resultante de la fuerza aerodinámica (Fa) también se incline en el sentido de la marcha. En la figura se representa la velocidad horizontal del pájaro (V), la velocidad del movimiento descendente del ala (Vr) la velocidad aparente del viento con respecto al perfil (Va), para cada uno de los perfiles de cuatro secciones del ala. La fuerza total aerodinámica tiene una componente de tracción y otra de sustentación en las puntas del ala y conforme nos acercamos al cuerpo la tracción disminuye y la sustentación aumenta, hasta que en las proximidades de la unión del ala con el cuerpo del pájaro la fuerza aerodinámica solamente genera sustentación y resistencia. En el movimiento descendente del ala, aparece de forma natural una componente de propulsión debida a la aeroelasticidad del material sometido a la presión del aire, al estar el ala fija por un extremo al cuerpo y sujeta por el borde de ataque a los huesos de los brazos, que el pájaro puede modificar haciendo trabajar sus músculos.

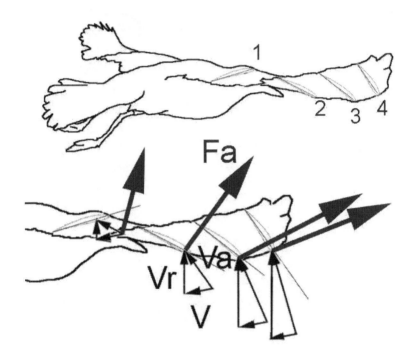

Figura 1-7 Torsión de las puntas de las alas durante el vuelo de aleteo.

En la *figura 2-7* se muestra un esquema, hecho a partir de las esculturas que mandó tallar Marey, del movimiento de las alas de una paloma en un ciclo completo de aleteo. Dicha secuencia puede considerarse bastante representativa del movimiento general de las alas de los pájaros cuando baten las alas, aunque ni todo ellos — ni los que lo hacen en algunas ocasiones— siguen el mismo patrón en cualquier circunstancia. Sin embargo puede decirse que, en general, durante el movimiento descendente de las alas los extremos generan empuje y sustentación, mientras que las partes próximas al cuerpo producen sustentación y resistencia; el ángulo de ataque de los perfiles del ala va disminuyendo conforme nos alejamos del cuerpo del ave. A lo largo del movimiento ascendente los perfiles del ala cercanos a su encastre generan sustentación y resistencia, si el pájaro ha adquirido cierta velocidad; los de los extremos depende del ángulo de torsión del ala, si es elevado pueden generar sustentación y resistencia, pero si es pequeño incluso cabría que produjesen tracción y sustentación negativa. Solamente, cuando la velocidad es muy pequeña, al principio del despegue, las alas pueden batir el aire con un ángulo de ataque de noventa grados durante el movimiento descendente, aunque lo normal en esos casos es que el pájaro empuje las alas hacia adelante con fuerza para inducir un flujo de aire con velocidad horizontal.

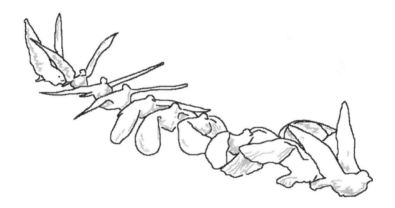

Figura 2-7. Esculturas de Marey (vuelo de aleteo de un palomo).

La frecuencia de aleteo varia de forma significativa, de 22 veces por segundo (22 Hz) en muchos passeriformes, a 2 Hz en el caso de la garza Goliat (Ardea Goliath) o valores entre 3,2 y 4,1

EL LIBRO DEL VUELO DE LAS AVES

Hz para el grajo (Corvus frugilegus). Por lo general, el movimiento ascendente de las alas suele ser más rápido, pero no siempre es así.

Bret W. Tobalske y Kenneth P. Dial de la Division of Biological Sciences, de la Universidad de Montana, realizaron una serie de experimentos con urracas de Hudson (Pica hudsoniana) y palomas bravías (Columba livia), en los que analizaron con detalle la cinemática de sus alas en vuelos de aleteo en un túnel aerodinámico. Las urracas volaban más despacio y se sentían cómodas a velocidades de entre 8 y 10 m/s, mientras que las palomas preferían hacerlo a 12 o 14 m/s. Las frecuencias de aleteo se mantuvieron alrededor de unas 6 veces por segundo (6 Hz), para ambas, en un margen de velocidades de 6 a 14 m/s en el caso de las urracas y de 6 a 20 m/s en el de las palomas. La duración del movimiento descendente del ala, con respecto al tiempo total de un ciclo completo (descenso y ascenso del ala), disminuía conforme la velocidad del vuelo aumentaba; de 6 a 14 m/s el movimiento descendente ocupaba del 60% al 50% del ciclo y, a partir de los 14 m/s (solamente en el caso de las palomas porque las urracas no alcanzaban esta velocidad), hasta los 20 m/s, el movimiento descendente se reducía al 40% del ciclo. El ángulo del cuerpo de estas aves, con la horizontal (línea cola cabeza, con respecto al plano horizontal de tierra), disminuía con la velocidad: de un máximo de 30 o 40 grados a 4-6 m/s, a unos 10 grados a 20 m/s para las palomas y a unos 5 grados a 14 m/s en el caso de las urracas.

Otros ensayos realizados en la universidad de Lund y la universidad del sur de California, con vencejos (Apus apus), publicados en 2008, también ratificaron que la frecuencia de aleteo tiende a disminuir con la velocidad. De 8 a 9,2 metros por segundo de velocidad de vuelo la frecuencia de aleteo cayó de 9,1 Hz a 8,3 Hz, aunque el cambio más significativo al aumentar la velocidad fue el incremento de la amplitud del aleteo.

Jenkins y su grupo de colaboradores publicaron en 1988 un estudio en el que se mostraba el movimiento del esqueleto de un estornino europeo (Sturnus vulgaris) mientras volaba en un túnel de viento. Para ello utilizaron películas de rayos X con 200 tomas por segundo cuando los pájaros volaban velocidades entre 9 y 20 metros por segundo. En la *figura 3-7* se muestra la posición de los huesos del ala durante el movimiento descendente en el plano dorsal y lateral. Hay que tener en cuenta que las plumas primarias

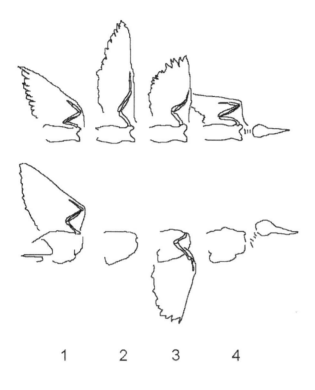

1   2   3   4

Figura 3-7. Movimiento de los huesos del ala durante el aleteo.

se insertan en la mano del pájaro con lo que su posición es determinante a la hora de configurar la geometría de la misma. Con el ala completamente levantada, en el plano dorsal puede verse que el húmero está pegado al cuerpo y en el plano lateral que este hueso se levanta unos 50 grados. En esta posición el brazo está plegado, se adelanta, pero la muñeca gira la mano hacia atrás, por eso la punta del ala y su borde de salida quedan muy retrasadas, con respecto al cuerpo del ave. Cuando baja el ala, el húmero se separa del cuerpo y el brazo y la mano se extienden mucho cuando pasan a la altura del dorso. Después, el brazo vuelve a plegarse y en la postura más baja del ala la mano se adelanta hasta que la punta del ala se coloca en su posición más avanzada con respecto al cuerpo del ave. Al iniciarse el movimiento ascendente, la mano se mueve hacia atrás y el ala se levanta medio plegada. Esta forma de levantar el ala es común a muchas aves, mientras que en el movimiento descendente el ala se extiende, en el ascendente se pliega.

En la *figura 3-7* puede verse cómo el rápido movimiento de la mano hacia atrás (4) cambia radicalmente la forma en planta del ala (3), ya que las plumas primarias se insertan en ella. En general podemos decir que el húmero, con la ayuda de los músculos pectorales y supracoracoideos, es el responsable del movimiento del ala hacia abajo y arriba, respectivamente, mientras que la articulación del codo y el brazo facilita la extensión del ala en el movimiento descendente, y la mano hace que las primarias se muevan hacia adelante y atrás.

A pesar de la variedad de la frecuencia de aleteo de los voladores, es posible predecirla, en función de sus características. En 1990, Pennycuick propuso una fórmula para determinar la frecuencia de aleteo de un pájaro en vuelo nivelado (*f*). La fórmula la ajustó con información de 32 especies de aves de las que había obtenido datos reales y en 1996 la depuró añadiendo 15 especies más:

$$f = (mg)^{1/2}b^{-17/24}S^{-1/3}I^{-1/8}\rho^{-3/8}$$

En la fórmula, *m* es la masa del cuerpo del ave, *g* la aceleración de la gravedad, *b* la envergadura, *S* la superficie alar, *I* el momento de inercia del ala y *ρ* la densidad del aire. Se ha comprobado que, efectivamente, para aves de la misma especie y características, la frecuencia de aleteo aumenta aproximadamente con la raíz cuadrada de su peso.

Circulación, sustentación y estelas turbillonarias

Un principio de física elemental nos dice que la fuerza que el aire ejerce sobre un pájaro es igual a la que el pájaro ejerce sobre el aire que le rodea. Por tanto, el flujo de aire que envuelve al pájaro se ve afectado por las fuerzas que éste le transmite. Si observamos el movimiento del fluido y conocemos su dependencia de la fuerza que sobre él ejerce el volador podremos determinar esta última; es decir, cabe deducir las fuerzas del aire sobre el pájaro en vuelo, mediante el análisis del movimiento del aire que le rodea.

Antes de abordar lo relacionado con las técnicas que nos permiten visualizar las trayectorias de las partículas de aire alrededor de un ave, vamos a introducir un término nuevo: la *circulación*. Desde principios del siglo XX sabemos que existe una relación directa entre la *circulación* y la *sustentación*. Un inglés, Lanchester, un alemán Kutta y un ruso, Joukoswski, estudiaron el problema de la *circulación* y gracias a sus contribuciones la aerodinámica avanzó de forma notable, hasta el punto de que, por primera vez, fue posible calcular la sustentación de un perfil de ala del que conozcamos su forma. Hasta entonces, todos los valores de sustentación y resistencia de las alas únicamente podían obtenerse mediante la experimentación en túneles de viento.

En 1878 lord Rayleigh estudió el flujo de una corriente de aire alrededor de un cilindro giratorio. Cuando un cilindro giratorio se desplaza con velocidad uniforme en el seno de un fluido aparece una fuerza perpendicular a la dirección del desplazamiento. El fenómeno se explica aplicando la teoría de Daniel Bernouilli, ya que en una parte del cilindro a la velocidad del aire se suma la de rotación del cilindro y en otra se resta, lo que genera una depresión en una cara del cilindro y una sobrepresión en la otra que a su vez origina la fuerza resultante. Este fenómeno ya lo habían experimentado los artilleros y jugadores de golf y se denomina *efecto Magnus* (*Figura 4-7*), y es el responsable de que las balas y las pelotas se desvíen de su trayectoria parabólica. Joukowski determinó que la fuerza sobre el cilindro giratorio que se mueve linealmente con una velocidad U en el seno de un fluido de densidad ρ es igual a $U\rho\mathcal{C}$, en donde $\mathcal{C}$

es el valor de una magnitud denominada *circulación*. La *circulación* es la velocidad media del fluido en la dirección de cualquier curva que envuelva el sólido multiplicada por la longitud de la curva.

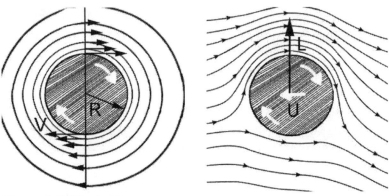

Figura 4-7. Efecto Magnus.

Podemos suponer que el flujo alrededor de un perfil de ala consiste en la superposición de dos corrientes, una lineal y otra circular responsable de las diferencias de presión entre el extradós y el intradós, con lo que justificaríamos la existencia de una *circulación* responsable de la sustentación. Pero ¿cómo se origina en un ala la *circulación*? El perfil del ala tiene el borde de ataque redondeado, pero el de salida presenta un pico o discontinuidad. Cuando el perfil empieza a moverse, el flujo de aire en el intradós, alrededor del borde de salida, no puede girar bruscamente y se desprende. Se genera un torbellino. Pero este torbellino induce otro de sentido contrario alrededor del ala, de acuerdo con el principio de acción y reacción. Este segundo torbellino es la *circulación* (*Figura 5-7*) que acompaña al ala en su movimiento, acelera el flujo de aire en el extradós y lo frena en el intradós.

La teoría de la *circulación* asume que el ala puede sustituirse por un torbellino ligado a ella misma a lo largo de su envergadura. Lanchester postuló que para un ala finita este torbellino se desprende en los dos extremos formando dos torbellinos que constituyen la estela turbulenta (o *turbillonaria*) de las alas. En la práctica, se ha demostrado que es así y es posible visualizar con humo o partículas estos torbellinos ligados al ala y los que se desprenden de las puntas, en aeronaves reales.

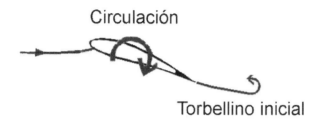

Circulación

Torbellino inicial

Figura 5-7. Circulación.

En el caso del vuelo de las aves, las fuerzas aerodinámicas generan torbellinos en la estela y su análisis nos permite evaluarlas. En el vuelo de planeo los torbellinos de la estela de las aves son análogos a los que producen las aeronaves, pero en el caso del vuelo de aleteo ya no es así.

Características de las estelas de las aves en vuelo de aleteo

El estudio del movimiento del aire alrededor de un pájaro en vuelo se ha perfeccionado gracias al uso de una tecnología de visualización de partículas, denominada en inglés *Digital Particle Image Velocimetry* (DPIV). Los experimentos se efectúan con pájaros que aprenden a volar en túneles de viento de los que se obtiene información detallada de cómo evoluciona el flujo de aire alrededor del ave. Si existe *circulación* en el flujo de aire puede deducirse que el pájaro genera sustentación.

Las técnicas digitales para determinar la velocidad del flujo de aire mediante imágenes de partículas (DPIV), utilizan rayos láser para iluminar el fluido, en el que se han sembrado partículas reflectantes cuya posición se determina de forma secuencial en cortos intervalos de tiempo. Mediante algoritmos y filtros matemáticos, es posible calcular la velocidad del fluido en cada punto e incluso se puede visualizar y estimar la intensidad de los torbellinos. Se utilizan indistintamente láseres de pulsos y continuos. Los segundos presentan la ventaja de que no es necesario sincronizar la apertura de los sensores de imágenes. Uno de los elementos más críticos de esta tecnología está relacionado con los procesos que se empleen para efectuar una adecuada correlación de las partículas. Es necesario identificarlas con precisión, en las sucesivas imágenes, para determinar con exactitud el movimiento. El estudio de las estelas turbulentas del vuelo de las aves, mediante estas técnicas, ha permitido obtener una gran cantidad de información sobre las características del vuelo de aleteo.

De los análisis de la estela de un pájaro en vuelo de aleteo se deduce que esta suele adoptar dos modos distintos. En el primer modo, propuesto originalmente por Rayner, en la estela se observa una sucesión de torbellinos que forman anillos cerrados y en el segundo modo aparecen dos torbellinos continuos y ondulantes que se desprenden de las puntas de las alas, similares a los de las estelas de las aeronaves de ala fija o a la de los pájaros cuando planean (*Figura 6-7*).

Las estelas que presentan una sucesión de anillos indican que el ave genera sustentación de forma intermitente. Lo hace cuando el ala desciende y deja de producirla durante el ascenso. En el momento que el ala inicia su movimiento descendente el torbellino de inicio que se desprende del borde de salida induce una *circulación* que se mantendrá ligada al ala el tiempo que produzca sustentación. Este torbellino de inicio se quedaría muy atrás si la sustentación se mantuviera de forma indefinida. Mientras el ala continúa descendiendo, el torbellino ligado al ala se desprende en las puntas y se une al de inicio para formar la parte trasera del anillo. Cuando finaliza el descenso del ala, la *circulación* se detiene. Durante el movimiento ascendente del ala, el pájaro no genera sustentación. Al interrumpirse la sustentación, se desprende un torbellino transversal que es el que cierra el anillo. Así es como la estela de un ave que muestra varios anillos, uno a continuación de otro, indica que el pájaro produce sustentación durante el descenso del ala y no lo hace durante el ascenso.

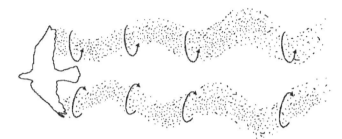

Estela de torbellinos continuos

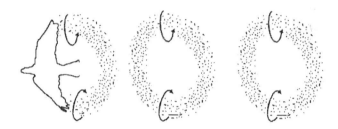

Estela de anillos turbulentos

Figura 6-7 Estelas en vuelo de aleteo.

El segundo modo que presenta la estela de un pájaro, en vuelo de aleteo, es el de dos torbellinos ondulantes que se desprenden de las puntas de las alas, constantemente. En este modo, el ave genera sustentación tanto en el movimiento descendente del ala, como en el ascendente. Es fácil entender que este caso se dará cuando la velocidad del pájaro alcance un cierto valor.

Rayner propuso que el modo de la estela del pájaro depende de la velocidad de vuelo y de la forma del ala. La mayoría de los pájaros muestran el modo de estela de anillos a baja velocidad. A velocidades más altas, las especies cuyas alas tienen una relación de aspecto (AR) baja mantienen la estela de anillos, mientras que las dotadas con alas de mayor relación de aspecto tienden a generar estelas con torbellinos continuos.

Sin embargo, el modelo de dos únicos modos de estela lo cuestionó Spedding al investigar el vuelo de aleteo del ruiseñor ruso (Luscinia luscinia). La estructura de su estela, a una distancia del borde de salida de las alas de unas 17 veces la longitud de la cuerda, variaba de forma gradual de una serie de torbellinos elípticos a dos torbellinos ondulantes: una combinación de los dos modos que hasta ese momento se habían estudiado. La estructura de la estela es un poco más complicada de lo que en principio se había supuesto.

Eficiencia del vuelo de aleteo con respecto al planeo

En general se considera que el vuelo de planeo es mucho más eficiente que el de aleteo; sin embargo, en algunas ocasiones esta aseveración no es del todo exacta.

Hemos visto que gracias a su extraordinaria habilidad para extraer energía del viento y planear sobre las olas, el albatros viajero (Diomedea exulans), es capaz de recorrer 1000 kilómetros sobre el mar en un día y trasladarse a más de 80 kilómetros por hora. Su tasa metabólica, cuando planea, es de 1,4 a 2 veces la que consume en reposo (Pennycuick, 1982). Los pájaros oceánicos que habitualmente practican el vuelo de aleteo, como el cormorán grande (Phalacrocorax carbo), gastan en vuelo de 6,5 a 8 veces la tasa metabólica que precisan en reposo. El uso que hacen los pájaros del vuelo de aleteo determina el coste energético del vuelo. En muchos casos, para inferir el coste energético del vuelo se emplea la frecuencia cardíaca del animal. El problema es que no es fácil establecer una relación precisa entre el ritmo del corazón y el consumo energético de un ave.

En un estudio con ocho alcatraces de El Cabo (Morus capensis), a los que se les insertó un electrocardiógrafo junto con un acelerómetro, baterías y tarjeta de memoria de 8 MB, en las islas Malgas y la isla Bird en 2003 para analizar la relación que existía entre el ritmo cardíaco y su actividad; se obtuvieron resultados sorprendentes. Los alcatraces son aves que acostumbran a batir las alas con mucha frecuencia, a diferencia de los albatros. De hecho, durante el experimento, el vuelo de aleteo ocupó entre el 61,1% el 76,8% del tiempo, dependiendo de si se desplazaban o buscaban alimento. Sin embargo, el ritmo cardiaco medio durante el vuelo de aleteo fue de 250,4 pulsaciones por minuto (ppm), ligeramente superior al que mostraron durante el tiempo en que volaron planeando: 217 ppm. El ritmo cardíaco de estos pájaros en reposo, es del orden de 120 ppm.

El escaso incremento del ritmo cardíaco de los alcatraces de El Cabo cuando practican el vuelo de aleteo, en relación con el que manifiestan durante los planeos, es sorprendente. Se ha comprobado que en los cormoranes la frecuencia cardíaca durante el aleteo es 3 veces superior a la que tienen en reposo. La discrepancia, en el caso de los alcatraces, se entiende peor si se tiene en cuenta el estudio de Adams de 1991, en el que se estimó que la tasa metabólica de estos pájaros es 6,5 veces superior, en vuelo, a la basal, en tierra. Lo que es muy difícil de discernir es qué cantidad de esa energía se consume en el vuelo de aleteo. Del experimento con los alcatraces parece deducirse que estos pájaros están adaptados, casi por igual, para el vuelo de planeo y el vuelo de aleteo.

En la misma línea de pensamiento, según la cual el vuelo de aleteo quizá no resulte tan ineficiente como pueda suponerse en un principio si se compara con el de planeo en algunos pájaros, podemos citar el estudio de Henningsson y otros, sobre la eficiencia de la generación de sustentación en el vuelo de aleteo y planeo de los vencejos. Dicho estudio plantea la cuestión de que muchos voladores necesitan planear y batir las alas, casi por igual, para satisfacer sus necesidades vitales. El planeador ideal necesita unas alas con gran relación de aspecto (AR), y planta elíptica. El vuelo de aleteo se beneficia de unas alas que se estrechen en las puntas y sean capaces de inducir una elevada torsión a lo largo de la envergadura. Como el pájaro tiene limitaciones a la hora de modificar la forma en planta de sus alas durante el vuelo, parece lógico que tienda a evolucionar desarrollando una geometría que se adapte mejor al aleteo, ya que es el ejercicio más costoso. Henningsson y sus colaboradores publicaron en 2014 los resultados de las mediciones de las estelas generadas por dos vencejos comunes (Apus apus), uno en vuelo de planeo y el otro en vuelo de aleteo. Resultó que la relación entre la sustentación y la resistencia aerodinámica inducida que se deducía del análisis de las estelas turbulentas era mayor en el caso del vencejo que batía las alas que en el planeador. Esto supone que aparentemente, y desde un punto de vista aerodinámico, el ala del vencejo está mejor dotada para el aleteo que para el planeo.

Así es, efectivamente el ala del vencejo está optimizada para el aleteo, pero hay que tener en cuenta que en la resistencia total cuentan varios elementos. Se sabe que la relación entre sustentación y resistencia total (L/D) de un vencejo es del orden de 12,5 en vuelos de planeo y de 7,7 cuando aletea. La resistencia total se compone de tres partes: la parásita que origina el cuerpo del animal, la de forma debida a las distribuciones de presión en el ala y la fricción, y la inducida por la propia sustentación que es la que se disipa en los torbellinos de la estela. La parásita tenía que ser igual en ambos casos, la inducida por la sustentación era menor en el vuelo de aleteo según se constató en el experimento, pero la total seguía siendo mayor para el pájaro que movía las alas; eso significa que la resistencia de forma penaliza el vuelo con batimiento del vencejo.

En el vuelo de aleteo, el flujo del aire alrededor del pájaro no es estacionario, lo que añade una complejidad adicional al problema. La aerodinámica de los flujos no estacionarios tiene sus propias leyes. Por ejemplo, cuando un perfil de ala empieza a desplazarse la *circulación* que induce el torbellino inicial del borde de salida no se establece de forma inmediata. El perfil deberá moverse varias veces la longitud de la cuerda antes de que la *circulación* se estabilice. Si el perfil arranca con un ángulo de ataque elevado, que en condiciones estacionarias provocaría una entrada en pérdida, se generan torbellinos en el borde de ataque que permiten durante un tiempo que el valor de la sustentación sea muy superior al esperado; el ala no entra en pérdida.

La importancia de los torbellinos del borde de ataque del ala —*leading edge vórtices* (LEV) — es crucial en el vuelo ornitóptero de las aves a baja velocidad. Si el ángulo de ataque del perfil del ala es grande y el perfil es delgado, es fácil que en el borde de ataque se desprenda el flujo de aire. Esto origina un torbellino en este lugar (LEV). La corriente vuelve a adherirse al perfil del ala un poco más atrás y el efecto del torbellino de borde de ataque es aumentar la resistencia del ala, a la vez que retrasar el punto de aplicación de la sustentación a lo largo de la cuerda; pero también produce un aumento importante de la sustentación. El torbellino de borde de ataque, genera circulación y se incorpora a la estela que se desprende en las puntas de las alas.

El papel de los distintos parámetros que intervienen en la generación de sustentación en un ala de un ornitóptero no se conoce con detalle en el vuelo a baja velocidad, aunque sabemos que los torbellinos LEV incrementan la sustentación. Los ensayos en túneles de agua con perfiles de distintos grosores y cámara, de modelos de ala de paloma, han mostrado que a baja velocidad se generan LEV que contribuyen con el 72% de la circulación, y que al aumentar la velocidad estos torbellinos aportan el 37% de la circulación. Al incrementar el grosor de los perfiles y la cámara, la circulación de los LEV disminuye, pero la circulación total y por tanto la sustentación crece. En general los torbellinos LEV aumentan con el ángulo de ataque y con el tiempo que se mantiene dicho ángulo de ataque. Los pájaros necesitan un coeficiente de sustentación elevado a baja velocidad y para alcanzarlo controlan la generación de los torbellinos de borde de ataque (LEV) del ala: en los extremos los perfiles tienen poca cámara y un ángulo de ataque elevado, en las proximidades del cuerpo la cámara es mayor, los perfiles del ala son más gruesos y el ángulo de ataque más pequeño. Con respecto a la torsión de las alas, las conclusión de algunos estudios muestra que resulta beneficiosa únicamente cuando se desea optimizar la eficiencia aerodinámica, sobre todo a gran velocidad, pero que a baja velocidad el pájaro necesita desarrollar sustentación y la torsión no es imprescindible, salvo quizá para aumentar el ángulo de ataque de los perfiles, en las proximidades del cuerpo. No parece que, a baja velocidad, la falta de torsión pueda inducir la entrada en pérdida de los perfiles del ala.

El flujo no estacionario plantea un conjunto de singularidades que la Aerodinámica tiene que resolver de un modo distinto a como lo hace con los flujos estacionarios. A todo ello hay que añadir que el vuelo de los pájaros tiene lugar en una franja en la que el número de Reynolds es relativamente bajo (25 000 a 350 000) y el comportamiento de los perfiles es bastante distinto al que tienen con números de Reynolds elevados, típicos del vuelo de las aeronaves. La solución física o matemática al problema resulta extraordinariamente complicada.

La realidad es que la perspectiva aerodinámica del vuelo de aleteo aporta un conjunto de pequeños elementos que abordan cuestiones parciales, muchas veces con resultados contradictorios, difíciles de integrar. En estas condiciones, los músculos de los pájaros y su cerebro son los que organizan los complejos movimientos del vuelo de aleteo de un modo singular en cada individuo. En su cerebro, de algún modo están almacenadas las soluciones al problema, quizá gracias a un mecanismo de prueba y error.

Es muy posible que esta modalidad de vuelo, el aleteo, sea mucho más eficiente de lo que, a primera vista, nos parece.

Vuelo intermitente

Existen tres modalidades de vuelo intermitente. El primero consiste en alternar periodos de aleteo, en los que se gana altura con otros de planeo; el segundo en ganar altura mediante el aleteo y a continuación plegar las alas y dejarlas quietas, para continuar ganando cierta altura como si el ave fuera un proyectil, describiendo una parábola, y retomar el aleteo en la caída; en la tercera modalidad, los pájaros alternan de forma sucesiva fases de vuelo con distinta frecuencia de aleteo.

Casi todas las especies que pueden planear alternan, de algún modo, el aleteo con el planeo. Es un modo de vuelo que emplean los pájaros con alas grandes como los córvidos, las gaviotas o los petreles, aunque también lo ejercitan otros más pequeños como los estorninos (Sturnus vulgaris), que son auténticos maestros en esta forma de volar.

El aleteo seguido del pliegue de las alas con ganancia de altura durante un tiempo, lo practican aves pequeñas de no más de 0,25 kilogramos de peso, con alas redondeadas de baja relación de aspecto (AR). Casi todas las passeriformes pequeñas hacen uso de este modo de vuelo, salvo las golondrinas (Hirundo rustica), pequeños búhos y otras aves que poseen alas largas y estrechas y alternan aleteos con planeos. Esta modalidad de vuelo, con trayectorias balísticas, implica mayores variaciones de la altura que la anterior.

La modificación alternativa de la frecuencia de aleteo, es un modo de vuelo menos frecuente; lo practican las urracas comunes (Pica pica).

Hay situaciones en las que el consumo energético de un ave es menor cuando ejerce algún modo de vuelo intermitente que cuando aletea de forma continuada con una frecuencia fija. Esto se ha demostrado para el caso de vuelo de aleteo seguido del plegado de las alas a velocidades que superan la de máximo alcance. En el vuelo de aleteo alternado con planeo, se reduce el consumo energético para velocidades que superen la de potencia mínima. Parece razonable pensar que el modo más eficiente de aletear para un pájaro se tenga en unas condiciones determinadas que es difícil que coincidan en todas sus trayectorias con su plan de vuelo y dirección e intensidad del viento. Las interrupciones periódicas del batimiento de las alas le permiten ajustar todos los parámetros manteniendo el ritmo óptimo de aleteo. Estos razonamientos sugieren la existencia de ventajas si el pájaro emplea una técnica de vuelo que podríamos denominar de 'piñón fijo' y, en función de la velocidad de vuelo, alarga o acorta los tiempos de aleteo en cada ciclo. En experimentos realizados por Rayner (2001) con estorninos europeos (Sturnus vulgaris), el tiempo de aleteo oscilaba entre el 65% del ciclo a una velocidad de vuelo de 8,5 m/s al 83% cuando volaba a 14,1 m/s.

Capítulo 8

Vuelo en suspensión

Vuelo en suspensión

El auténtico vuelo en suspensión consiste en que el ave permanezca quieta con respecto a la velocidad del viento. Si el pájaro lo que hace es mantenerse inmóvil con respecto a tierra cuando sopla el viento, en realidad se tiene que mover en relación con el aire lo mismo, aunque en dirección opuesta, que este lo hace con respecto al suelo. Este ejercicio es el que practican los cernícalos, que con viento agitan sus alas, aunque permanecen fijos en relación con el terreno, en un lugar que les permita observar a sus posibles capturas para abalanzarse sobre ellas. Reciben el nombre de 'cernícalo', por su capacidad para 'cernirse', que es el verbo castellano que define este tipo de vuelo. También hay otras aves pescadoras como algunos pigargos y golondrinas de mar que practican el cernido, que no hay que confundir con el vuelo en suspensión.

Los maestros del vuelo en suspensión son los colibrís. Los indios taínos del Caribe y Florida llaman a sus guerreros 'colibrís', ya que estos pequeños voladores protegen su territorio como si tuvieran el corazón de un águila. Dicen que el Padre Sol, Agueybaba, transformó un día a unas pequeñas moscas en pajarillos y así nacieron los colibrís. Son pájaros minúsculos, de 7,5 a 13 cm, oriundos de América de los que se conocen unas 300 especies diferentes.

Se alimentan del néctar de vistosas flores y lo sorben con su largo pico mientras sus alas los mantienen quietos en el aire (*Figura 1-8*). Son los maestros del vuelo en suspensión, un ejercicio que resulta imposible para la mayoría de las aves: permanecer en el aire inmóvil. Incluso otros pájaros que pueden realizarlo, lo hacen durante intervalos de tiempo muy cortos. Es agotador.

Figura 1-8 Colibrí en suspensión.

Tyson Hedrick, de la Universidad de Carolina del Norte, en Chapel Hill, explica cómo mueven las alas los colibrís cuando están suspendidos en el aire: «mantenga la parte superior de los brazos pegados al cuerpo, con el codo en la cintura y mueva los antebrazos hacia delante y atrás». Algo muy distinto a lo que, según el profesor, hacen las gaviotas que, si quisiéramos emularlas, tendríamos que extender nuestros brazos, subirlos y bajarlos.

Las plumas primarias de las alas de los pájaros se insertan en las manos y el colibrí gira las muñecas 180 grados al final de cada recorrido (adelante y atrás), para que en ambos trayectos el ala aporte sustentación (75% y 25%). En definitiva, este pájaro mueve las alas mediante una rotación del hombro (de unos 140 grados aproximadamente) para impulsarlas adelante y atrás y una rotación de 180 grados de las muñecas para que trabajen en los dos recorridos (_Figura 2-8_). Sus músculos funcionan de un modo muy distinto a los de la mayoría de las aves, pero el mecanismo parece muy eficiente para el vuelo en suspensión si lo comparamos con cualquier helicóptero convencional. Los colibrís pueden quedar suspendidos en el aire y desde esta posición pasar a moverse hacia adelante, atrás o a los lados, con gran rapidez. Para ello inclinan el plano de batimiento de las alas en el sentido que quieren desplazarse para generar una componente de empuje en esa dirección.

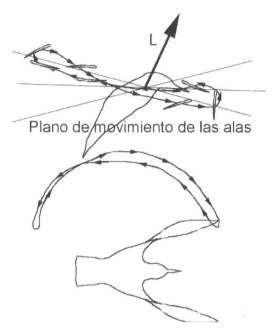

Figura 2-8. Movimiento de las alas del colibrí.

El movimiento tan complejo de la mano y las articulaciones de los brazos de los colibrís ha hecho que las proporciones relativas de los huesos de estos miembros sean diferentes a las de otras aves. Las manos de los pájaros son siempre relativamente grandes, pero en el caso de los colibrís superan, en longitud, al cúbito y al húmero juntos, mientras que en un ave planeadora como el albatros, la longitud de la mano es del orden de un tercio de la longitud del cúbito y el húmero. También, si observamos el hueco que queda entre el radio y el cúbito, en el caso de los albatros es muy pequeño, mientras que en los colibrís es relativamente mucho más grande. Esta oquedad permite alojar un paquete de músculos muy desarrollados que facilitan el complejo movimiento de la mano del colibrí.

El consumo energético de los colibrís es prácticamente el mismo cuando vuelan hacia adelante o hacia atrás. La práctica habitual de un vuelo que demanda tanta potencia ha hecho de estos animales unos grandes consumidores de energía. Sus músculos pectorales alcanzan un peso que es del orden del 25% de su cuerpo. La frecuencia con la que baten las alas es de 50 a 200 veces por segundo. Su corazón late en reposo a un ritmo de unas 250 pulsaciones por minuto, pero cuando vuela esta cifra puede subir hasta 1260 ppm. El extenuante ejercicio de su vuelo los ha convertido en los animales cuyo metabolismo es el más rápido que se conoce. Necesitan ingerir una cantidad de néctar, diaria, que puede superar su propio peso para acumular el azúcar que consumen.

Otra de las características de estas aves es su capacidad para transportar peso. Chat y Millard realizaron en 1997 una serie de experimentos en los que midieron el peso que podían acarrear cuatro especies de colibrís. El más liviano de todos ellos, el gorginegro (Archilochus alexandri) llevaba sin dificultad el 104% de su peso y el colibrí magnífico (Eugenes fulgens), de unos 7,4 gramos de peso, transportó hasta el 190% de lo que pesaba él mismo. En algunos casos los colibrís podían cargar casi el doble de su propio peso.

Con el fin de ahorrar energía inútil, durante los periodos de descanso nocturno pueden caer en una especie de aletargamiento durante el que la temperatura de su cuerpo baja de 40 grados a 18 y su metabolismo se reduce al mínimo. A pesar de todos estos excesos, los colibrís que consiguen superar la alta mortalidad infantil de su especie pueden llegar a vivir diez o más años.

Una vieja leyenda quechua inspiró el libro *El vuelo del colibrí*, del Dalai Lama y la ecologista keniana Wangari Muta Maathai, en el que un pequeño volador de esta especie consiguió apagar el incendio de un bosque llevando en su pico agua, gota a gota, mientras los demás animales lo observaban desconcertados. Es el símbolo de la entrega y el valor, pero sobre todo es el maestro del vuelo en suspensión del que nuestros helicópteros de ala rotatoria no han aprendido nada, todavía.

Capítulo 9

Estabilidad y maniobra

Estabilidad y maniobra

Estabilidad y maniobra son dos conceptos distintos y, en parte, antagónicos. Si durante un planeo una ráfaga de viento altera el ángulo de ataque, el vuelo será estable si de forma automática dicha variación se corrige, de lo contrario, si la variación se amplifica y se produce una pérdida de control, será inestable. En general, cuando un volador posee una configuración tal que los efectos de cualquier perturbación que modifique sus parámetros de vuelo se corrijan de forma automática, decimos que dicha configuración es estable. La estabilidad facilita que un volador mantenga su trayectoria, pero implica que deba hacer un esfuerzo para salir de ella; esta es la razón por la que un volador muy estable no poseerá gran capacidad de maniobra. Los primeros aviones que construyeron los hermanos Wright eran inestables: el piloto tenía que actuar sobre los controles del aparato, de forma continuada, para mantener el equilibrio en vuelo; eran máquinas peligrosas y para volarlas los pilotos necesitaban adiestramiento y poseer cierta aptitud. Los primeros aeroplanos europeos, como el 14 bis de Santos Dumont o los aeroplanos de los hermanos Voisin, con alas de cajón, eran muy estables. A los europeos les sorprendió la capacidad de maniobra de las máquinas de los Wright, acostumbrados a ver volar las suyas.

El concepto de estabilidad que se emplea, cuando nos referimos a los aeroplanos, en los pájaros tiene un sentido muy relativo por tratarse de seres vivos, inherentemente inestables, que pueden modificar con mucha facilidad la configuración de vuelo de su cuerpo. En los aeroplanos, la estabilidad es más deseable para los aviones comerciales y no tanto en aeronaves acrobáticas o de combate que debe maniobrar con gran facilidad.

En vuelo de planeo los pájaros se parecen mucho a los aeroplanos. La estabilidad de cabeceo o longitudinal, en ambos, la proporciona el plano horizontal de la cola. La estabilidad lateral o de alabeo se consigue con alas en diedro (vistas frontalmente en forma de V). La estabilidad de guiñada, en el caso de los aeroplanos, la aporta el plano vertical de la cola y tanto a los aeroplanos como a los pájaros la favorecen las alas en delta, o con flecha.

Si el centro de gravedad de un volador queda entre la cola y las alas, normalmente más cerca de las alas, un giro de cabeceo alrededor de este punto hará que las alas bajen y la cola suba o viceversa, aunque siempre con mayor velocidad la cola que está más lejos. A la velocidad del viento se superpondrá la que induce el giro de cabeceo lo que produce variaciones de signo opuesto del ángulo de ataque en el ala y la cola, que generarán un incremento o disminución de la sustentación en ambos planos, lo que dará origen a un par de fuerzas tendente a recuperar la posición inicial anterior al giro. Si en el giro de cabeceo el ala sube (encabritado), en esta superficie disminuye el ángulo de ataque, mientras que en la cola que baja más rápida aumenta el ángulo de ataque; con mayor sustentación en la cola que en el ala, el par de fuerzas inducido por el giro de cabeceo tiende a amortiguarlo y devolver al aeroplano a su posición inicial. Así es como la cola desempeña un papel importante en el equilibrio longitudinal del volador.

Al parecer, los pájaros actuales tienen las colas más cortas que sus antepasados y cuando no es así, su función está más relacionada con la reproducción sexual que con la estabilidad de vuelo; son apéndices que sirven de señuelo para atraer a su pareja. Tras un largo proceso evolutivo, las aves, en general, han reducido sus colas y han desarrollado un sistema de control mucho más evolucionado que reacciona con rapidez frente a los estímulos externos. Durante los planeos, los pájaros ajustan con rapidez y de forma continuada el ángulo y la superficie de la cola, lo que indica que este elemento desempeña un papel importante en la estabilidad del vuelo. Sin embargo se ha demostrado que muchos pájaros siguen volando después de habérseles cortado la cola y hay voladores, como los murciélagos que no la tienen. Si de un lado parece que en vuelo la ajustan de forma permanente, de otra parte es un elemento prescindible. En cualquier caso hay varios tipos de cola: redondeadas, cuadradas, graduadas, bifurcadas y emarginadas. Desde el punto de vista aerodinámico, la teoría nos dice que únicamente se produce sustentación en el tramo de cola que se ensancha. Hay colas que a partir de un punto se estrechan por lo que contribuyen con resistencia pero no con sustentación, lo que indicaría que su razón de ser está relacionada exclusivamente con el sexo. Algunos pájaros, como las golondrinas, hacen uso de sus colas, que se pliegan y se abren, como dispositivos hipersustentadores o prolongaciones de ala (flaps).

Una configuración de alas con diedro otorga a los planeadores estabilidad lateral. Con esta disposición de la alas (en forma de V vistas frontalmente; *figura 1-9*), en vuelo nivelado, un giro de alabeo hace que el ala que baja suministre una componente vertical mayor que la que sube lo que da origen a un par de fuerzas contraria a la perturbación. Tanto los pájaros como los aviones emplean este recurso para facilitar la estabilidad lateral.

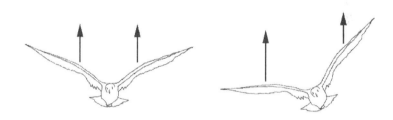

Figura 1-9. Alas con diedro; equilibrio lateral

Con respecto a la estabilidad de guiñada, giros en el plano horizontal, los aeroplanos cuentan con un timón vertical; los pájaros no. Si una perturbación hace que un planeador reciba el aire con un cierto ángulo, en vez de frontalmente, la velocidad del volador con respecto al aire tiene una componente lateral que llamamos abatimiento. En esas situaciones, por poca flecha que tenga el ala, la que queda a barlovento presenta mayor resistencia (Di) que la de sotavento (Dd), lo que genera un momento de guiñada que tiende a que se recupere la dirección inicial del vuelo (*Figura 2-9*). En la mayoría de los pájaros la flecha se acentúa en el extremo del ala, una geometría que favorece la estabilidad de guiñada.

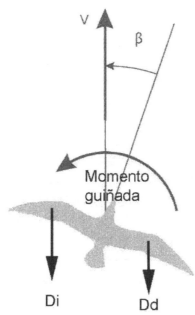

Figura 2-9 Momento de guiñada inducido por el abatimiento

Las fuerzas que tienden a restablecer la condición de vuelo sin abatimiento en un pájaro, están directamente relacionadas con la asimetría en la resistencia inducida en las alas debida a la sustentación y originada por la flecha. La flecha en las alas es una característica fundamental para garantizar la estabilidad del vuelo. En aves con alas más rectangulares, como las águilas o las cigüeñas, pero con plumas primaras en sus extremos que al separarse forman ranuras, se ha demostrado que la flecha en las primarias (cuando presentan ranuras) contribuye de una forma decisiva a la estabilidad de guiñada.

En cuanto a la maniobra, los pájaros en vuelo de aleteo para ascender aumentan la amplitud de aleteo en ambas alas y el ángulo de ataque a fin de conseguir una mayor fuerza de sustentación. El centro de gravedad de los pájaros debe pasar forzosamente por el centro de sustentación, por lo que el sistema de control del pájaro, en vuelo, tiene que estar llevando a cabo ajustes permanentemente. Una forma de aumentar el ángulo de ataque, es desplazar el centro de gravedad, normalmente hacia atrás; esto lo hacen con ajustes de las posiciones de la cabeza, moviendo el cuello, las patas o el abdomen. El desplazamiento del centro de gravedad a uno u otro lado también lo utilizan en algunas ocasiones para iniciar los giros. Análogamente para descender, basta con que disminuyan la sustentación, reduciendo la amplitud del aleteo o el ángulo de ataque de las alas. La cola también les permite adoptar una posición con mayor o menor ángulo de ataque, al igual que hacen las aeronaves.

Cuando los pájaros quieren efectuar un descenso muy rápido a fin de zambullirse en el agua para atrapar un pez, como es el caso de las gaviotas, o para dar caza a una presa, simplemente pliegan las alas y se dejan caer en picado, ofreciendo la menor resistencia posible. Un cuerpo que cae libremente en el espacio, aumenta de velocidad debido a la aceleración de la gravedad. Durante la caída, en la medida en que aumenta la velocidad, también lo hace la fuerza de resistencia aerodinámica, proporcional al cuadrado de la velocidad. Esta fuerza, al principio es muy pequeña, pero cuando la velocidad es suficientemente elevada llega a alcanzar un valor igual al de la fuerza gravitatoria. A partir de este momento, el cuerpo ya no se acelera y la velocidad permanece constante. Todos los cuerpos tienen una velocidad máxima de caída libre, que se conoce como velocidad límite y que depende fundamentalmente de las características aerodinámicas del cuerpo. Los halcones peregrinos, cuya técnica de caza consiste en lanzarse contra su presa, con la mayor velocidad posible, a fin de quebrarle con las patas el cuello o la espina dorsal gracias al terrible impacto, han desarrollado un curioso método para conseguir alcanzar lo antes posible la velocidad límite, e incluso superarla. El sistema consiste en darse la vuelta y descender con las alas al revés, generando empuje hacia abajo. En estas maniobras, el halcón peregrino puede superar los 300 kilómetros por hora.

Para describir trayectorias con un radio de curvatura, ni siquiera los aviones pueden hacerlo con su timón vertical como si fueran barcos. En un aeroplano si tratamos de virar con el timón, de forma exclusiva, el morro se mueve apuntando hacia otro lado, pero el avión continúa desplazándose prácticamente en la misma dirección. En estas condiciones el viento lo recibe con un ángulo, por un costado, lo que se conoce como 'resbalamiento'; es una situación en la que la aeronave perderá sustentación y velocidad que no podrá mantener durante demasiado tiempo. El timón de un aeroplano no funciona igual que un barco, porque la resistencia al desplazamiento lateral (resbalamiento) es muy pequeña en el caso del aire debido a su baja densidad. Al describir una trayectoria circular, en el caso de un buque sobre el agua, la fuerza centrípeta la proporciona la resistencia del agua sobre el casco; si se trata de un vehículo con ruedas sobre tierra, es la fuerza de rozamiento. En una motocicleta, el conductor tiene que inclinar el plano del vehículo hacia el centro de giro para mantener el equilibrio, pero la fuerza centrípeta la suministra el rozamiento de las ruedas, en el suelo. En el agua y en tierra, es el rozamiento del medio en el que se mueve el vehículo el responsable de contraponer una fuerza que mantenga la trayectoria en los giros. Sin embargo, en el aire, la escasa viscosidad del fluido gaseoso no es capaz de aportar dicha fuerza; por eso, los aviones y los pájaros tienen que girar alrededor de su eje longitudinal, alabearse, para que la fuerza de sustentación, al inclinarse, suministre una componente horizontal que actúe como fuerza centrípeta en los giros.

Cuando las aves planean, el sistema que utilizan para girar el plano de las alas a fin de iniciar un giro en la trayectoria que siguen, consiste en variar el ángulo de ataque de forma asimétrica en las alas, aumentándolo en una de ellas y reduciéndolo en la otra. De esta forma, en el ala exterior, la sustentación se incrementa, elevándose, y en la interior disminuye, bajando.

Cuando el ave alcanza el ángulo de alabeo necesario para efectuar adecuadamente el giro, igualan el ángulo de ataque en ambas alas y continúan su planeo, ahora con el plano de las alas formando un ángulo con el horizonte, de forma estabilizada. Finalizado el giro, recuperan la posición horizontal del plano de las alas realizando un movimiento análogo en sentido contrario. De esta forma, con pequeños e imperceptibles movimientos de rotación en las alas pueden conseguir giros rápidos y efectivos. En vuelo de aleteo, el sistema por el que efectúan los giros es diferente. Normalmente, aumentan la amplitud del movimiento en el ala exterior lo cual genera mayor sustentación en esta ala haciendo que el ave gire sobre su eje longitudinal hasta conseguir el ángulo de alabeo necesario. Al aumentar la amplitud del aleteo también se consigue mayor empuje, lo que facilita el giro. Aunque este sea el mecanismo más generalizado de giro para las aves en vuelo de aleteo, no es el único y en algunos casos, disminuyen la amplitud del aleteo del ala interior o la encogen a fin de presentar menor superficie y aminorar la sustentación. Los aeroplanos generan sustentación asimétrica en las alas con los alerones que inducen los giros de alabeo y cambios en la dirección de la trayectoria.

Los mecanismos más complejos y menos estudiados de giro de los pájaros, son los que se producen cuando vuelan en suspensión. En este caso, el giro, es una guiñada simple y lo tienen que efectuar actuando sobre el empuje en las alas y no sobre la sustentación.

Si bien en las máquinas de volar artificiales el concepto de estabilidad y maniobra se presta al desarrollo de estudios muy elaborados, en el caso de los pájaros la sistematización es un ejercicio poco útil, ya que la forma de estos seres vivos cambia a su voluntad, durante el vuelo de modo permanente. Podemos decir que los pájaros con una elevada carga alar (W/S) vuelan más rápido y maniobran con mayor flexibilidad que otros cuya carga alar es más reducida; también que las alas excesivamente alargadas restan maniobrabilidad a las aves, pero su habilidad para evolucionar en el aire es extraordinaria gracias a su capacidad para modificar su geometría.

Capítulo 10

Aves y aeronaves

Las aves y la invención de la máquina de volar

A los hombres siempre les fascinó el vuelo de los pájaros. Volar como ellos ha sido uno de los deseos que ha acompañado a los seres humanos desde tiempos inmemorables. Por eso, el avión es un invento, quizá el único invento que la humanidad ha esperado que ocurriese durante miles de años. Charlatanes, sabios, mecánicos y científicos han deseado ver convertido en realidad un dispositivo que permitiera a las personas moverse por el aire como los pájaros. Las ballestas, los cañones, la máquina de coser, el cinematógrafo o el bolígrafo aparecieron un día sobre la faz de la Tierra de un modo inesperado. La gente les dio la bienvenida, pero en realidad nadie los esperaba. A la máquina de volar sí se la estuvo aguardando con impaciencia, durante muchos años.

No creo que a nadie se le ocurra dudar de que fueron los pájaros los responsables del deseo de volar que siempre tuvo el hombre, pero otra cosa muy distinta es hasta qué punto las aves nos enseñaron a construir las máquinas con que volamos. En mi libro, *El secreto de los pájaros,* narro la historia que llevó a los hombres a fabricar esas máquinas y su título sugiere que las aves poseen un conocimiento, imprescindible para el vuelo, y necesario para construir un ingenio capaz de volar. El hombre trató durante siglos de averiguar en qué consistía el secreto que tan celosamente guardaban los pájaros y les permitía volar. El propio Clément Ader —ingeniero francés que trabajó en la construcción de máquinas de volar a finales del siglo XIX por encargo del gobierno francés— creyó que había descubierto la forma mágica del ala que hacía posible el vuelo; la receta no funcionó.

Si bien, casi todo el mundo estará de acuerdo en que fueron las aves las que suscitaron en el hombre un deseo irrefrenable de volar, desde siempre, parece lógico preguntarnos si,

203

efectivamente, el hombre aprendió a volar de los pájaros. Creo que la respuesta es a la vez sí y también no. Durante muchísimos años, los antiguos pensaban que el vuelo exigía la práctica del aleteo: batir un par de alas. Sin embargo, la navegación aérea con máquinas más pesadas que el aire la intuyó un aristócrata inglés, con un aparato en el que para soportar el peso no se precisaba del movimiento de las alas. Sir George Cayley observó el planeo de los grandes pájaros y se dio cuenta de que un buitre es capaz de descender con velocidad constante, siguiendo una trayectoria que apenas está inclinada entre 3 y 10 grados. La física y la geometría le indicaron que eso quería decir que la resistencia que tenía que vencer el pájaro para avanzar era algo así como 10 o 20 veces inferior a su propio peso. En 1799, Cayley grabó en un disco de plata el concepto de aeroplano moderno, de ala fija, timón de dirección, barquilla y sistema de propulsión independiente de la sustentación. Y esa es la parte del sí, del cómo los pájaros enseñaron a los hombres a volar, aunque el mensaje contenía un no: «no lo hagáis batiendo las alas, porque os resultará mucho más complicado».

Wilbur Wright, coinventor junto a su hermano Orville, del aeroplano moderno, comprendió que incluso antes de incorporar una hélice a su artefacto tenía que saber cómo manejarlo en el aire. Para otros muchos ese asunto les pasó un tanto desapercibido y creían que bastaba con disponer de un motor de gran potencia que elevara la máquina; después ya se arreglarían de algún modo para manejarlo. Volar en un medio tan ligero como es el aire no tiene nada que ver con la navegación marítima, en un fluido mil veces más denso que ofrece resistencia a cualquier desplazamiento lateral. Un timón de dirección como el de un barco, simplemente no funciona en el aire como en el agua. En realidad no funciona. Wilbur, que fabricaba bicicletas, intuyó que en los giros sería necesario inclinar los planos de la aeronave, tal y como hacían los pájaros y hasta los ciclistas. Pero... ¿cómo conseguirlo? En la carta que Wilbur escribió a Octave Chanute el 13 de mayo de 1900, el joven inventor le explica cómo piensa controlar lateralmente su aparato:

«Mi observación del vuelo de las águilas me lleva a creer que ellas recuperan el equilibrio lateral, cuando se ve perturbado parcialmente por una ráfaga de viento, mediante la torsión de la punta de las alas. Si la parte posterior de la punta derecha del ala se gira hacia arriba y la izquierda hacia abajo, el pájaro se convierte en un molino e instantáneamente gira en torno a un eje que va de su cabeza a la cola. De esta forma recupera el equilibrio, tal y como he podido comprobar observándolos. Yo creo que el pájaro, en general recupera su equilibrio lateral, en parte presentando sus dos alas al viento con ángulos distintos y en parte retrayendo un ala, reduciendo de esta forma su área. Yo me inclino a pensar que lo primero es el método más importante y usual. En el aparato que intento emplear haré uso del principio de torsión.»

Otro norteamericano, Samuel Langley, que intentó construir —como Ader, con poco éxito y mucho dinero público— máquinas de volar, casi al mismo tiempo que los hermanos Wright, también observó en una de sus vacaciones, que los pájaros empleaban la variación asimétrica del ángulo de ataque de sus alas para inducir un giro de alabeo muy rápido. Wilbur y Orville Wright implantaron este mecanismo en sus aeronaves, Langley no lo hizo, los aparatos de los primeros lograron volar y los del segundo no. El éxito de los Wright se debe principalmente a los mecanismos de control de sus máquinas de volar que les permitían evolucionar en el aire de acuerdo con los deseos del piloto. Aunque efectuaron el primer vuelo en diciembre de 1903, seguirían trabajando en el perfeccionamiento de su máquina (y tratando de venderla) durante cuatro años y siete meses más. Cuando volaron en público, por primera vez en 1908, tanto en París como en Washington, otros ya lo habían hecho, aunque con aparatos cuyos sistemas de control eran muy primitivos. Los Wright sorprendieron al mundo con la maniobrabilidad de su máquina y la maestría con que eran capaces de hacerla evolucionar en el aire. Al igual que los pájaros, los aviones de los Wright eran muy inestables y requerían que el piloto actuara constantemente sobre los mandos para mantener el equilibrio.

Hay gente que piensa que las aeronaves fabricadas por el hombre no se han inspirado demasiado en las aves, y que en realidad hemos empezado a entender el vuelo de los pájaros gracias a los conocimientos aerodinámicos desarrollados para fabricar aviones. Y en parte ha sido así. Los inicios de la aeronáutica no contaban con ninguna teoría aerodinámica capaz de predecir el comportamiento de los aeroplanos. El conocimiento teórico se empezó a desarrollar a principios del siglo XX, cuando las aeronaves ya se habían inventado y surcaban los cielos. Sin embargo, aunque el vuelo de los pájaros se ha estudiado con detalle después del desarrollo de la aviación, su complejidad supera con creces al vuelo de los aeroplanos.

Aves y aeronaves

Hay que multiplicar por 1000 la masa de los voladores más grandes de la época del Cretáceo para alcanzar el peso de despegue de un avión como el B-737 MAX, que no es la aeronave más pesada fabricada por el hombre. Nuestros aviones son mucho más voluminosos y masivos que los gigantescos pájaros, ya desaparecidos. En consecuencia vuelan mucho más rápido. Las aves actuales no superan los diez kilogramos de peso, salvo muy pocas excepciones. Los voladores pesados necesitan alas muy grandes o desplazarse a gran velocidad. Lo primero plantea problemas estructurales y de movilidad sobre el terreno, lo segundo exige una potencia muy elevada.

La cuestión principal no es que aeronaves y pájaros estén separados por un asunto relacionado con el tamaño, sino que efectúan el vuelo en condiciones aerodinámicas muy diferentes (número de Reynolds). Las aeronaves son máquinas que en general presentan una geometría fija, mientras que las aves adaptan su forma al vuelo en todo momento. Los pájaros baten las alas para generar empuje y los aviones emplean hélices o motores a reacción. También se distinguen pájaros y aviones porque los primeros carecen de un plano vertical en la cola y no hacen uso de las hélices ya que la naturaleza no ha inventado dispositivos para hacer pasar la sangre a través de una junta rotatoria. Por último, aves y aeronaves difieren por su razón de ser; mientras que las primeras son animales que vuelan las segundas son máquinas para transportar personas, mercancías o instrumentos. Del peso total de una aeronave se diferencia el que corresponde a la carga útil transportada (carga de pago). Así pues, cuando hablamos de energía necesaria para volar con un kilogramo de peso un kilómetro, en el caso de las aeronaves nos interesa el parámetro correspondiente a un kilogramo de carga de pago. Optimizar el transporte de la carga de pago es un concepto que en los pájaros no tiene sentido, mientras que en los aviones comerciales es muy importante.

Las diferencias entre aves y aeronaves son muy grandes, y los paralelismos se pueden establecer solamente cuando los pájaros practican el vuelo de planeo; aunque incluso en esos casos, las aves siguen aprovechándose de la gran facilidad que poseen para cambiar la forma.

Aun así y todo es inevitable establecer ciertas analogías.

En 1976, un ingeniero de la NASA, Richard Withcomb, publicó un artículo en el que demostró los beneficios de colocar en las puntas de las alas unos planos verticales que se denominan *winglets*, *wingtips* o *sharklets*. Withcomb explicaba en su nota que estos adminículos disminuían la resistencia asociada a los torbellinos que se desprenden de las puntas de las alas. Según Aviation Partners —la empresa que patentó en Estados Unidos en 1994, un tipo de *winglet* que usa Boeing en muchos de sus aviones— este dispositivo puede reducir el consumo de combustible entre un 5% y un 7,5%. Sabemos que los pájaros, en determinadas situaciones, separan las puntas de las plumas primarias dejando huecos entre las mismas lo que produce exactamente el mismo efecto que los *winglets*. A diferencia de nuestros aviones, de *winglets* fijos, los pájaros los despliegan en los momentos en que realmente son más efectivos.

Para aumentar la sustentación de las alas a baja velocidad, los aviones grandes utilizan *slats* que son dispositivos móviles para crear una ranura en el borde de ataque del ala. Cuando el ángulo de ataque del ala aumenta la sustentación también lo hace, hasta un valor de ese ángulo —alrededor de unos 20 grados— en el que el ala entra en pérdida y deja de sustentar. La pérdida se produce porque el flujo laminar de aire en la parte superior del ala (extradós) se desprende. La ranura del *slat* induce en el extradós un soplado de aire, desde la parte inferior del ala (intradós), que retrasa el desprendimiento del flujo de aire al incrementar el ángulo de ataque. Los pájaros tienen una pluma, en el borde de ataque del ala, que se llama álula (se correspondería con el dedo pulgar) y que funciona de un modo similar, aunque no exactamente igual, a los *slats* de los aviones.

A baja velocidad, para el aterrizaje y despegue, las aeronaves extienden detrás del borde de salida de las alas unas superficies que se denominan flaps, para aumentar la sustentación. Las colas de algunos pájaros, como las golondrinas, se despliegan a velocidades bajas y se sitúan detrás de las alas a modo de flaps.

También hay que reconocer que ni los *winglets* ni los *slats* ni los flaps surgieron de la observación del vuelo de los pájaros, sino de ensayos en túneles aerodinámicos.

Hoy, en el siglo XXI cabe preguntarse ¿qué nos pueden enseñar los pájaros? La pregunta es muy oportuna porque venimos de un siglo en el que el lema fue «queremos ir más alto, más lejos y más deprisa» y ahora la cuestión es «queremos ser, por encima de todo, energéticamente más eficientes». Eso equivale a que deseamos aviones más ligeros y cuya resistencia al avance sea menor. La naturaleza es una perfecta maestra cuando se trata de optimizar recursos. Su método de prueba y error lleva tiempo, quizá millones de años, pero es muy efectivo. Para los ingenieros de un futuro en el que la eficiencia primará sobre la eficacia, la naturaleza es un modelo idóneo a seguir. Además, hoy existe un mercado creciente de aeronaves no tripuladas de tamaño relativamente pequeño para el que el análisis del vuelo de los pájaros puede ser ilustrativo.

Quizá, el aspecto que nos pueda ayudar en mayor medida a mejorar nuestras aeronaves en el futuro, sea el estudio de cómo varían los pájaros la forma de su cuerpo, en función del vuelo. Si analizamos el vuelo de planeo de un cóndor se puede observar como el pájaro despliega en mayor o menor medida sus patas para ajustar el ángulo de descenso. Este mecanismo es efectivo si la velocidad es elevada, pero no cuando vuela despacio. Incluso volando deprisa, el ajuste del ángulo de descenso, variando la resistencia frontal, lleva algún tiempo. Si lo quiere hacer rápidamente, el cóndor disminuye la superficie de sus alas. A baja velocidad la extensión y separación de las plumas primarias en la punta de las alas, es mucho más efectiva que la reducción de la sección frontal, para disminuir el ángulo de planeo. El empleo de estos recursos y de otros, que ni siquiera conocemos, hacen de los pájaros unos excelentes maestros de los que podemos aprender las ventajas de la geometría variable para hacer nuestros aviones más eficientes.

Sin embargo, pájaros y aviones se enfrentan a un futuro muy diferente. Los pájaros seguirán una lenta evolución que determinará sus genes, las mutaciones y la ley de la prueba y el error, mientras que la aviación comercial tendrá que ajustarse a los requerimientos medio ambientales. Si bien el porcentaje de las emisiones de CO_2 de las aeronaves dedicadas al transporte aéreo en el planeta es del orden del 2-3%, si tenemos en cuenta el efecto invernadero inducido por las estelas la cifra es bastante mayor. Este porcentaje aumentará en la medida en que crezca el tráfico aéreo y disminuyan las emisiones procedentes de otras actividades humanas, por lo que se espera que adquiera una relevancia significativa. Además, la sustitución del queroseno, como combustible aeronáutico, no parece una tarea sencilla a medio plazo. Todo parece indicar —si queremos preservar nuestro planeta y la posibilidad de viajar por el mundo a lugares remotos con seguridad y eficacia— que el principal objetivo de la aviación comercial del siglo XXI, será reducir las emisiones, es decir el consumo de combustible por kilogramo y kilómetro de carga útil transportada. Este criterio implica una serie de modificaciones importantes en el diseño de las operaciones y la forma y características de los aviones actuales.

No todos los pájaros han evolucionado siguiendo la misma dirección. Los que efectúan grandes migraciones y recorren miles de kilómetros sin dejar de volar, necesitan hacer el viaje en poco tiempo, porque es peligroso. A cambio, gastan una gran cantidad de energía en transportar la grasa para efectuar el viaje. Un volador de largo alcance despega con mucho combustible y tiene que estar diseñado para transportar esa carga, lo que implica que necesita una estructura robusta que a su vez también pesa. Los pájaros que minimizan el consumo de combustible por kilómetro son los planeadores ya que extraen energía del viento. Sin embargo, esta no parece una vía muy prometedora para la aviación de transporte de pasajeros para la que el factor tiempo es importante. Aun así y todo, para disminuir el gasto energético por kilogramo de carga útil y kilómetro transportado de las aeronaves, de forma significativa, será necesario volar a velocidades inferiores a las actuales, con aviones del tipo ala volante, que integren el fuselaje en las alas, que estén motorizados con propulsores no carenados (*propfan*) separados del cuerpo del avión, que mantengan el flujo laminar en toda su superficie, construidos con materiales muy ligeros, y cuyo alcance máximo no supere los 5000 kilómetros.

Quizá las aves y las aeronaves del futuro no se parezcan tanto porque hombres y pájaros dejen de tener las mismas prioridades.

ANEXO I

El cuerpo de las aves

El cuerpo de las aves

Durante centenares de millones de años, los pájaros han modificado el cuerpo hasta conseguir su forma actual. Su esqueleto ha prescindido de huesos que tienen la mayoría de los vertebrados, otros se han fusionado para simplificar la estructura ósea, y para aligerarla, el interior de los huesos está hueco en muchos de ellos, aunque hay excepciones como los avestruces, que no vuelan. No tienen dientes ni mandíbula sino un pico muy ligero. Pero, en contra de lo que cabe suponer, los huesos de sus brazos, que soportan las alas, son más fuertes y pesados que los de otros animales, al igual que su esternón donde se anclan los músculos que las mueven y está reforzado con una quilla. El vuelo, en algunas de sus modalidades, exige mucha potencia y las aves han adaptado el sistema respiratorio, circulatorio y los músculos para satisfacer este requerimiento.

Esqueleto

Los brazos de las aves sujetan las alas. El húmero se une a los huesos del cuerpo en la articulación del hombro cuya cavidad la forman la escápula y el coracoides. En la mayoría de los pájaros el húmero puede realizar amplios movimientos hacia delante y atrás o arriba y abajo. El coracoides se sujeta al esternón, reforzado con una quilla, y es el hueso que soporta la mayor parte de la fuerza que trasmiten los brazos al cuerpo, sobre todo durante el movimiento descendente del ala. La quilla proporciona una gran superficie para la inserción de los pectorales. Las clavículas, o fúrcula, están fusionadas y se unen a los coracoides en su parte dorsal. Hay vértebras de la espalda que también se han fusionado y las costillas están unidas al esternón con lo que la caja torácica es muy fuerte y compacta. Sin embargo, las abundantes vértebras cervicales confieren gran flexibilidad al cuello de las aves. El fémur se une al cuerpo en el ilion y aunque hay diversidad de colas casi todas ellas tienen varias vértebras caudales que terminan en el uróstilo (*Figura 1-A1*).

Los músculos pectorales que se insertan en el esternón y la quilla pueden alcanzar del orden del 20% del peso del ave y tiran del húmero en el movimiento descendente del ala. Los músculos supracoracoideos son los que accionan el movimiento ascendente del ala y también se insertan en el esternón; antes de sujetarse al húmero, por la parte superior, pasan por un canal que hace las veces de polea. (*Figura 2-A1*)

Entre el codo y la mano hay dos huesos, el cúbito (o ulna) y el radio. En la mano, el carpo y el metacarpo están unidos. Los dedos, normalmente hay dos o tres, son cortos, con la excepción de uno mucho más alargado. El pulgar, suele estar cubierto por un penacho de pequeñas plumas (álula) y es muy corto. El hueco entre la ulna (o cúbito) y el radio aloja la musculatura que actúa sobre la mano y condiciona, por tanto, la capacidad de vuelo del ave. En el urogallo común (Tetrao urogallus) este espacio es grande, mientras que en los albatros es bastante pequeño. El primero vuela muy bien batiendo las alas, mientras que el segundo es un pájaro planeador. (*Figura 3-A1*)

Plumas

Las aves están recubiertas de plumas, que son parte de la estructura epidérmica, hechas con una sustancia de queratina, al igual que las escamas de los reptiles en las que tienen su origen (*Figura 4-A1*). Algunos reptiles mesozoicos poseen escamas similares a las plumas de las aves que no vuelan, como es el caso de los avestruces africanos, por lo que se supone que el plumaje apareció, en un principio, para aislar la epidermis del animal y mantener el calor, no para volar.

El CUERPO DE LAS AVES

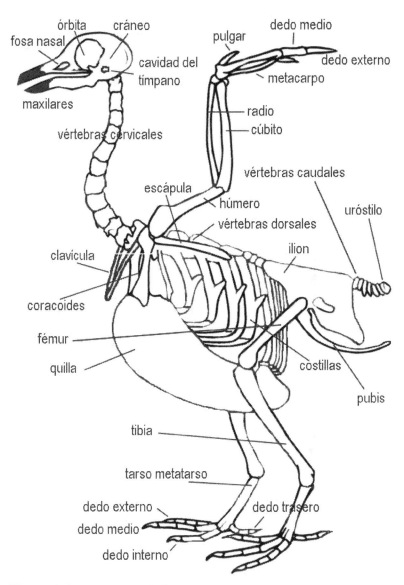

Figura 1-A1 Esqueleto de las aves.

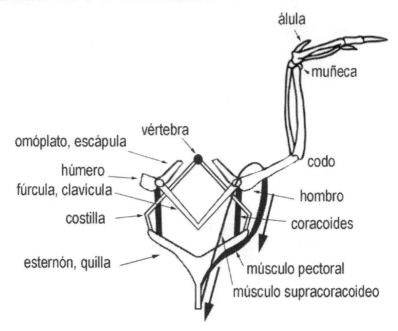

Figura 2-A1 Inserción de las alas en el esqueleto de las aves y músculos supracoracoideos y pectorales.

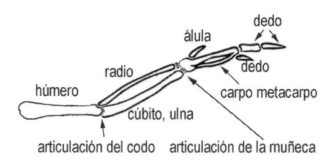

Figura 3-A1. Los diez huesos del ala de un ave.

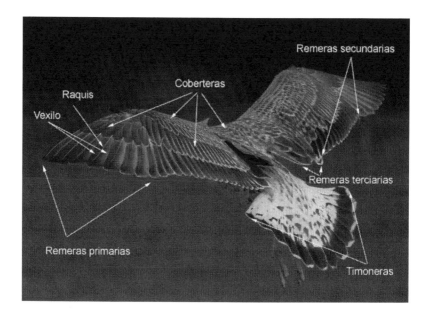

Figura 4-A1. Las plumas de las aves.

La estructura de una pluma es compleja: se inserta en la piel en la parte inferior de su eje llamado raquis, que está hueco, del que —a ambos lados— sale una superficie que se llama estandarte o vexilo, formada por barbas perpendiculares al raquis de las que emergen, también perpendicularmente, las bárbulas y los ganchillos que se sujetan a otras bárbulas. La parte inferior del raquis, donde se inserta en el cuerpo, se denomina cálamo o cañón.

No todas las plumas son iguales: hay plumas de vuelo y plumas genéricas o de contorno. Las primeras son las que ocupan las alas y la cola y las otras recubren el resto el cuerpo de las aves. De las plumas de vuelo las hay de tres tipos: remeras (rémiges), timoneras y coberteras.

Las remeras tienen un vexilo o estandarte que es asimétrico con respecto al raquis, más pequeño en la parte en la que incide el aire, barlovento, y más grande a sotavento. Hay tres tipos de remeras: las primarias que se insertan en los dedos y el metacarpo, las secundarias que se unen en el radio y las terciarias que lo hacen en el húmero.

Las timoneras están en la cola y su vexilo o estandarte es simétrico con respecto al raquis.

Las coberteras están en las alas y la cola y su función es la de recubrir a las remeras y timoneras.

Las primarias son plumas fuertes, asimétricas, y su número es 9-11, en las aves que vuelan, con la excepción de los somormujos que tienen 12. El número de secundarias varía mucho, 6-45, y su asimetría es menos acusada.

Las aves suelen cambiar el plumaje de cobertura dos veces al año y las plumas remeras y timoneras una vez al año. Es una cuestión que tiene importancia y que, de algún modo, condiciona el desarrollo de estos animales.

La necesidad de mantener sus plumas en buenas condiciones, para volar, es un factor que determina el tamaño de las aves. Sievert Rohwer, de la Universidad de Washington en Seattle, y sus colegas, estudiaron en 43 especies de ave la relación entre su tamaño y la longitud de sus plumas de vuelo y el tiempo que tardan en desarrollar plumas nuevas. Los resultados del trabajo lo publicaron en *PLoS Biology* el año 2009. Según Rohwer: «en la medida que los pájaros aumentan de tamaño, el ritmo de crecimiento de las plumas no se compensa con el incremento de su longitud, obligando a los pájaros más grandes a gastar más más tiempo, desproporcionadamente, en hacer crecer su plumaje». A partir de 3 kilogramos de peso, este fenómeno empieza a tener un efecto muy negativo sobre las aves.

Las aves cuyo peso no supera los 3 kilogramos cambian las 9-11 primarias anualmente, de forma secuencial y sin que ello afecte la emigración ni la cría. A partir de los 3 kilogramos de peso el tiempo necesario para el crecimiento de las primarias plantea problemas a los pájaros. El albatros los resuelve alargando las mudas y las hace cada dos o tres años; otras especies mudan varias plumas simultáneamente o todas a la vez y durante ese tiempo no vuelan. Esto último es lo que hacen los cisnes y los gansos que antes de las mudas acumulan grasa ya que mientras les crecen las plumas no vuelan.

Estas conclusiones, sobre el tamaño de las plumas y la dificultad de su muda cuando aumentan de tamaño, plantean interrogantes sobre el tipo de vuelo del ave argentina magnífica (Argentavis magnificens), desaparecida hace unos seis millones de años. Con una envergadura de hasta 8 metros y 70 kilogramos de peso, este animal de la planicie de la Patagonia poseía unas plumas remeras que alcanzaban 1 metro de longitud. Lo más probable es que, al igual que hacen hoy los gansos, el argentavis se cebara para acumular grasa y esperase durante un largo ayuno a que le creciera el plumaje.

La muda de las plumas es un factor que, según Rohwer, hace que las aves no alcancen el máximo tamaño que les permitiría su modo de vuelo.

Alas

El Laboratorio de Ornitología de la Universidad de Cornell clasifica las alas de los pájaros en cuatro categorías: planeadores pasivos, planeadores activos, elípticas y de gran velocidad (*Figura 5-A1*).

PLANEADORES PASIVOS

PLANEADORES ACTIVOS

ELÍPTICAS

DE GRAN VELOCIDAD

Figura 5-A1. Clasificación de la forma de las alas de las aves.

Los planeadores pasivos son pájaros que se aprovechan de las térmicas para ganar altura. Son animales que apenas baten las alas, buscan las corrientes ascendentes y planean en busca de sus presas. Tienen las rémiges primarias separadas. Son carroñeros o depredadores. La relación de aspecto de sus alas (AR), que es el cociente entre la envergadura (b) y la cuerda (c), es moderada (7-9) o baja. Sus alas son alargadas y las rémiges primarias en las puntas de las alas pueden separarse. Las águilas, halcones, lechuzas, cigüeñas y buitres tienen este tipo de alas.

Los planeadores activos (o dinámicos), aprovechan los gradientes de velocidad del viento para ascender y son pájaros que dependen mucho de las corrientes de aire para mantenerse en vuelo. Sus alas son muy alargadas, con una gran relación de aspecto (AR>9) y los extremos son puntiagudos. A este grupo pertenecen las aves oceánicas, como el albatros, las fragatas y los alcatraces cuya relación de aspecto puede alcanzar valores muy elevados (AR 15-20), y las gaviotas, aunque sus alas son menos alargadas.

Los pájaros con alas elípticas tienen las rémiges primarias separadas y un álula grande, pueden volar muy rápido durante un breve espacio de tiempo y son capaces de efectuar giros muy cerrados. Es la configuración típica de las alas de muchos rapaces y de aves que utilizan el vuelo para escapar de sus atacantes. La relación de aspecto de estas alas es normalmente baja (AR<7). Las alas de las tórtolas, urracas, picamaderos, gorriones, tordos, mirlos y urogallos son de este tipo.

Las alas de alta velocidad son alargadas y en sus extremos tienen las plumas juntas. Su relación de aspecto es alta (AR>9), aunque no alcanzan los valores de las de los pájaros oceánicos. Los vencejos, patos, chorlitos, golondrinas, andarríos, halcones y barnaclas tienen esta clase de alas y muchas gaviotas también podrían considerarse pertenecientes a este grupo.

Sistema digestivo

Las aves carecen de dentadura por lo que ingieren alimentos troceados. En función de la dieta, el pico de las aves es agudo como el de los loros que cascan nueces, afilado como el de las rapaces para rasgar la carne, alargado como el de los pelícanos para pescar, o en forma de tubo como el de los colibrís para sorber el néctar de las flores. Algunas aves marinas, como las procelarias, llevan sobre el pico una glándula (de la sal) que elimina el exceso de cloruro sódico que absorben a través de la alimentación para mantener el equilibrio osmótico de su organismo.

El aparato digestivo está formado por un largo tubo que empieza en el esófago que va de la boca al estómago (*Figura 6-A1*). En algunas aves, como los palomos y halcones, el conducto, antes del estómago, comunica con una bolsa, el buche, donde

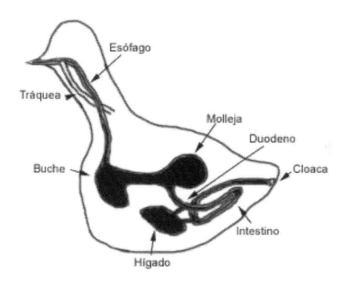

Figura 6-A1. Sistema digestivo de las aves

pueden almacenar comida temporalmente. En el estómago suele haber dos partes: el proventrículo y la molleja. En el proventrículo se preparan los alimentos con la ayuda de enzimas digestivas y jugos ácidos que forman el bolo alimenticio. En la molleja, el bolo es triturado; las paredes, en esta parte del estómago, están formadas con un tejido fuertemente musculado. A veces las aves ingieren piedras —gastrolitos— muy duras, de cuarzo, que en la molleja ayudan a moler el bolo. Del estómago los alimentos, ya procesados, pasan al intestino; en la primera parte se puede distinguir el duodeno, que recibe las sustancias procedentes del hígado y del páncreas, del resto del intestino donde los nutrientes son absorbidos por la sangre; la materia inservible se elimina a través de un orificio exterior: la cloaca.

La alimentación de las aves es muy variada. Algunas ingieren granos, otras insectos, las hay que se alimentan de frutas, de néctar e incluso de hojas, otras son carnívoras y comen peces, aves más pequeñas o mamíferos. Casi todas las crías se alimentan de larvas de artrópodos y gusanos, las palomas producen una especie de leche en el buche que dan a sus crías, las rapaces suelen llevar carne a los polluelos y las pescadoras regurgitan parte del alimento que han sacado del mar para ofrecérselo a sus pollos.

El acelerado metabolismo de las aves les obliga a consumir una gran cantidad de alimento. Las más grandes tienen capacidad para almacenar mucha grasa en su cuerpo, mientras que las de menor porte no, por lo que un avestruz puede pasar días sin comer en tanto que el colibrí necesita hacerlo constantemente.

Aparato respiratorio

El aparato respiratorio de las aves es muy diferente al de los mamíferos y se extiende prácticamente por todo su cuerpo. Un ciclo completo tiene cuatro fases, dos inspiraciones, cada una de ellas seguida de una espiración. Cuando las aves inspiran una primera bocanada de aire, el fluido no va a los pulmones sino a unas oquedades que forman los sacos posteriores, y en el movimiento de espiración el aire pasa de estos a la cavidad pulmonar; la segunda inspiración mueve el fluido a los sacos anteriores, que se vacía durante la espiración que sigue. Los sacos están conectados con las cámaras del interior de los huesos. Los pulmones no se contraen como en los mamíferos y disponen de un mecanismo mucho más efectivo que el de estos animales para intercambiar oxígeno y dióxido de carbono. El aparato respiratorio de los pájaros ocupa un volumen que puede ser del orden del 20% de su cuerpo, mientras que en los mamíferos no llega al 5%. No existe una relación directa entre la frecuencia de los latidos cardíacos del pájaro y el ritmo de su respiración.

Aparato circulatorio

El corazón es una doble bomba que impulsa sangre rica en oxígeno desde los pulmones a los tejidos y pobre en oxígeno de los tejidos a los pulmones. Su tamaño dobla el de los mamíferos y su caudal puede ser hasta siete veces mayor; el corazón late con una frecuencia que va de 300 a 500 pulsaciones por minuto y la presión arterial de su sistema circulatorio es elevada. Tiene, dos aurículas y dos ventrículos; la circulación es completa y cerrada.

La sangre de las aves se origina en la Bursa de Fabricius (Bolsa de Fabricio) ya que sus huesos huecos carecen de médula; se trata de un órgano linfoide en forma de saco que se halla cerca de la cloaca.

El sistema circulatorio y respiratorio de las aves está diseñado para aportar una gran cantidad de oxígeno y nutrientes, a través de la sangre, a sus músculos capaces de realizar un trabajo extraordinario. El cuerpo de los pájaros mantiene una temperatura elevada, alrededor de 40 grados Celsius, lo que permite que sus músculos se contraigan y relajen a gran velocidad.

Sistema nervioso

Un cerebro, relativamente pequeño, controla de forma automática su cuerpo. El escaso desarrollo de los hemisferios cerebrales, salvo en el caso de los loros, sugiere que son animales que funcionan siguiendo su propio instinto en mayor medida que de acuerdo con los datos que puedan acumular en su memoria. No poseen córtex, pero se ha descubierto que las capas más altas de su cerebro interactúan con las inferiores, lo que justifica que puedan llevar a cabo tareas relativamente complejas. Sin embargo, su sistema nervioso conecta todos los músculos y sensores de su cuerpo, a través de una red de nervios cortos que transmite la información a gran velocidad hacia el cerebro y desde el cerebro, donde la mayor parte de los procesos de datos son automáticos.

Los sensores más importantes de las aves son los ojos, cuyo tamaño es muy grande en relación con el de la cabeza y les otorga una gran agudeza visual. Las rapaces tienen los ojos dispuestos para mirar hacia adelante, pero el resto de las aves ven a cada lado, lo que les confiere un campo de visión muy amplio especialmente útil para detectar cualquier amenaza. Hay algunas excepciones como los kiwi (Apteryx) que son pequeños pájaros ciegos que han desarrollado excepcionalmente el sentido del olfato y apenas vuelan.

Aparato reproductor

Los machos tienen dos testículos y las hembras un ovario, el izquierdo, con un conducto único. Tanto los conductos del esperma como el oviducto de la hembra terminan en sus respectivas cloacas, los orificios por los que también se evacúan los restos alimenticios. El macho suele montarse sobre la espalda de su pareja durante el coito que apenas dura unos segundos; presiona su cloaca contra la de la hembra, (beso cloacal), y le transfiere el esperma que asciende hasta el ovario. Una vez producida la fecundación se forma el huevo en el oviducto.

Musculatura y energía

De un 15 a un 20% de la masa del cuerpo de los pájaros la constituyen los músculos pectorales que se insertan en la quilla y el húmero para forzar el movimiento de descenso del ala. Los músculos supracoracoideos son bastante más pequeños y tienen como misión facilitar el movimiento ascendente del ala. En total un pájaro está dotado con unos 175 músculos para controlar los movimientos de las distintas partes del cuerpo, formados con una mezcla de fibras rojas y blancas. Las fibras rojas contienen mioglobina y mitocondrias en abundancia, son capaces de alimentarse con grasas en vez de con glucógeno y pueden mantener esfuerzos durante un tiempo más largo que las blancas; son las fibras que predominan en los músculos de los pájaros más dotados para el vuelo.

La energía que necesitan los músculos para realizar su trabajo se la proporciona un compuesto químico denominado trifosfato de adenosina (ATP), que actúa a modo de combustible muscular. El ATP se descompone en fósforo, difosfato de adenosina (ADP) y energía. Parte de la energía liberada en este proceso la utiliza el tejido muscular para realizar su trabajo y el resto se pierde en forma de calor. Para que la musculatura de un animal trabaje es preciso aportarle de forma continuada ATP.

Al principio, cuando los músculos realizan un esfuerzo, durante los primeros segundos consumen sus pequeñas reservas de ATP. También en esta fase inicial se benefician de sus reservas de fosfocreatina para producir ATP; esta es una sustancia que combina el ADP y el fósforo, aportando energía, para generar ATP: una reacción inversa a la descomposición del ATP. Estos procesos no requieren oxígeno y son, por tanto, anaerobios. Sin embargo, las reservas de ATP y fosfocreatina en el tejido muscular se consumen muy rápidamente, en un intervalo de tiempo que no excede unos 30 segundos.

Si el esfuerzo continúa, una vez que se ha consumido el ATP y la fosfocreatina que se almacenaba en los músculos, estos hacen uso de otras sustancias para producir el ATP: el glucógeno que también se almacena en el tejido muscular y parte de la glucosa que circula en el torrente sanguíneo. El mecanismo de producción de ATP a partir de la glucosa, en su fase inicial es anaeróbico, lo que significa que estas reacciones tampoco requieren oxígeno.

Hasta aquí, los músculos se han provisto de ATP de un modo rápido para dar respuesta inmediata a la demanda que exige el ejercicio que realizan. Sin embargo, al cabo de unos 30-60 segundos las reservas de ATP, fosfocreatina y glucógeno, se han consumido y si el trabajo prosigue los músculos se proveen de ATP a través de un sistema que, desde el instante inicial se ha puesto en marcha, pero que tarda cierto tiempo en producir resultados. Es un proceso aeróbico porque consume oxígeno.

En el proceso aeróbico intervienen las mitocondrias, que son orgánulos celulares que se encuentran, en abundancia, en el citoplasma de las células del tejido muscular. Son las responsables de fabricar el ATP que necesitan los músculos y convierten el ADP, otra vez en ATP. La energía que requiere esta reacción la obtienen mediante la combustión de grasas, hidratos de carbono o proteínas. A fin de salvar la complejidad asociada a estas reacciones, bastará con tener en cuenta que el oxígeno, que lleva el torrente sanguíneo, captado en los pulmones, actúa como comburente y se combina con hidratos de carbono, lípidos (grasas) o proteínas en las mitocondrias; en la combustión se produce dióxido de carbono (CO_2), agua (H_2O) y calor. Esta energía se emplea en recombinar el ADP en ATP que es el verdadero combustible celular.

Por lo tanto, cuando la masa muscular trabaja de forma continuada durante un tiempo relativamente largo, ocurre que el suministro de ATP al tejido muscular, lo hacen las mitocondrias, produciéndolo a partir de ADP y fósforo, con la energía que aporta la combustión de los nutrientes. De la energía que se genera en la combustión de las grasas, hidratos de carbono o proteínas (energía química), sólo una pequeña parte llega a convertirse en trabajo útil para sostener el vuelo (energía mecánica). La relación entre la energía mecánica y química, o rendimiento, es del orden del 20%.

ANEXO II

Conceptos aerodinámicos básicos

Conceptos aerodinámicos básicos

Este libro no pretende ser un estudio científico, ni excesivamente técnico, sobre el vuelo de las aves y está escrito con la intención de que cualquier persona interesada en el asunto, con independencia de sus conocimientos, pueda leerlo con facilidad. Sin embargo, hay veces que el tema me ha obligado a utilizar conceptos aerodinámicos y aeronáuticos. No hacerlo exigiría explicaciones mucho más difíciles de entender. Por eso pienso que dedicar unos párrafos para aclarar algunos de estos conceptos puede resultar útil al lector.

Creo que todo el mundo sabe qué es un ala y que ni las de los pájaros ni las de los aviones son completamente planas. Eso quiere decir que la superficie que se obtiene al establecer un corte con un plano perpendicular a la línea que une las dos puntas de las alas, es un perfil que siempre tiene cierta curvatura. El británico Horatio Phillips demostró con sus experimentos en túneles de viento que las alas con perfiles curvos generaban más sustentación que las de perfiles rectos. En 1885 publicó los resultados, de algunos de estos ensayos, en la revista *Engineering* de Londres. Las superficies de las alas con perfiles curvos suelen ser cóncavas, en su parte inferior, y convexas en la superior. Por esa razón, los perfiles de las alas de las aeronaves y los pájaros son curvos y muchos tienen cámara, es decir, la curvatura de la parte superior (extradós) y la de la parte inferior (intradós) son distintas. En la figura *1-A2* se muestran varios perfiles que Horatio Phillips probó en su túnel de viento.

La función principal del ala, en una aeronave, es generar la fuerza que la mantiene en el aire y que, cuando el vuelo es nivelado (altura constante), tiene que ser igual al peso del aparato. En el caso de un pájaro hemos visto que las alas además de generar la fuerza que equilibra el peso deben producir, cuando las bate, otra en el sentido de la marcha para mantener la velocidad con que se desplaza horizontalmente.

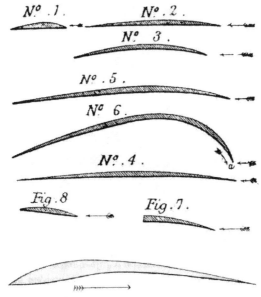

Figura 1-A2. Horatio Phillips patentó 6 de estos perfiles en 1884

Cuando una corriente de aire (viento) incide sobre el perfil del ala con un pequeño ángulo (ángulo de ataque) se produce una fuerza aerodinámica sobre el ala igual a la que el ala ejerce sobre el flujo de aire y de signo contrario. Como el ala desvía hacia abajo la masa de aire (*Figura 2-A2*), la fuerza aerodinámica es hacia arriba. Si aumentamos el ángulo de ataque el flujo de aire se desvía más y la fuerza aerodinámica también aumenta. El aire que recorre la parte superior del perfil (extradós) circula a mayor velocidad, mientras que el de la parte inferior (intradós) lo hace más despacio, lo que produce las diferencias de presión entre ambas caras del ala que da origen a una fuerza neta hacia arriba. De acuerdo con la ecuación de Bernoulli, al aumentar la velocidad la presión disminuye y viceversa. La fuerza aerodinámica puede descomponerse en dos, una perpendicular a la dirección del viento y otra en la misma dirección. A la primera se le llama *sustentación* y se suele representar con la letra L (*Lift*, en inglés) y a la segunda *resistencia* que se designa con la letra D (*Drag*, en inglés).

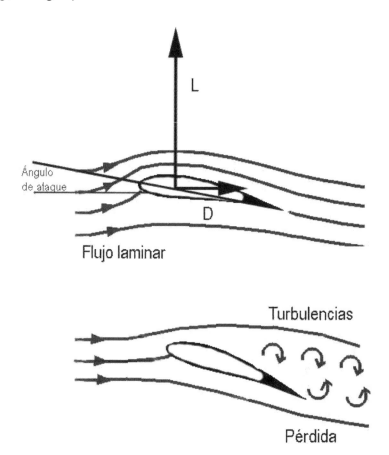

Figuras 2-A2, 3-A2. Como el ala desvía hacia abajo la masa de aire, la fuerza aerodinámica es hacia arriba. Si aumentamos el ángulo de ataque el flujo de aire se desvía más y la fuerza aerodinámica también aumenta. Sin embargo, a partir de un cierto valor del ángulo de ataque (unos 20 grados) en la parte posterior del extradós se empiezan a formar torbellinos y el flujo deja de ser laminar para convertirse en turbulento.

Cuando el aire que circula alrededor del perfil lo hace siguiendo líneas suaves, que envuelven el ala, el flujo se dice que es laminar y esto ocurre mientras el ángulo de ataque con que el viento incide sobre el perfil es pequeño. Sin embargo, a partir de un cierto valor del ángulo de ataque (unos 20 grados) en la parte posterior del extradós se empiezan a formar torbellinos y el flujo deja de ser laminar para convertirse en turbulento (*Figura 3-A2*). El efecto práctico de este fenómeno es que la sustentación (L) disminuye bruscamente lo que en la terminología aeronáutica se conoce como "entrada en pérdida del ala"; además de caer la sustentación, la resistencia aumenta de forma significativa.

La fuerza aerodinámica total es proporcional a la densidad del aire (ρ), al cuadrado de la velocidad (*v*) y la superficie del ala (*S*), pero desde el punto de vista aerodinámico nos interesa más que esta fuerza, sus componentes: sustentación (L) y resistencia (D) que son igualmente proporcionales a los mismos factores. Normalmente se expresan de la siguiente forma:

$$L = \frac{1}{2} \rho \, v^2 \, c_L S \quad [1]$$

$$D = \frac{1}{2} \rho \, v^2 \, c_D S \quad [2]$$

En donde C_L y C_D son los coeficientes de sustentación y resistencia, respectivamente.

La fuerza de sustentación de un ala (L) es por lo tanto proporcional a la densidad del aire, al cuadrado de la velocidad, a la superficie del ala y al coeficiente de sustentación de dicha ala que es un parámetro que depende de la forma del perfil del ala, del ángulo de ataque y del número de Reynolds. Si expresamos el valor del coeficiente de sustentación de un perfil en función del ángulo de ataque (*Figura 4-A2*) podemos comprobar que dicho coeficiente de sustentación aumenta hasta alcanzar un valor máximo en las proximidades de los 20 grados y a partir de aquí cae bruscamente; es el ángulo de ataque en el que el ala entra en pérdida.

De forma análoga también podemos representar el coeficiente de resistencia de un perfil de ala, en función del ángulo de ataque (*Figura 5-A2*).

Un parámetro muy interesante, para cualquier ala, es la relación entre sustentación y resistencia (L/D). Esta relación se puede expresar en función del ángulo de ataque (*Figura 6-A2*) y existe un ángulo de ataque para el que la relación tiene un valor máximo. En el caso del ala de un pájaro la relación entre sustentación y resistencia (L/D) máxima puede ser del orden de 10. Esto significa que si el animal pesa 2 kilogramos, para generar una fuerza de sustentación de esa magnitud, basta con vencer una resistencia de 0,2 kilogramos.

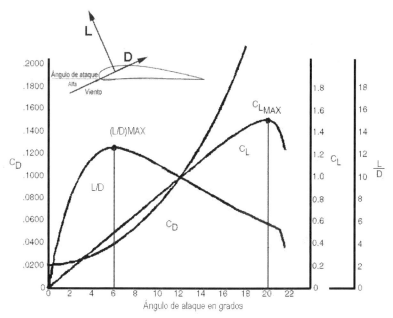

Figuras 4-A2, 5-A2, 6-A2. Coeficientes de sustentación (CL), de resistencia (CD) y relación entre la sustentación y resistencia (L/D) de un perfil, en función del ángulo de ataque.

Para mantener el vuelo nivelado (altura constante), es necesario que la sustentación iguale al peso del volador y que la fuerza del sistema propulsor, hélice, reactor, o alas —en el caso de un pájaro— equilibre la resistencia. En un trayecto no excesivamente largo, el peso del volador varía poco; la sustentación es proporcional al cuadrado de la velocidad por lo que a baja velocidad es preciso incrementar la superficie del ala o el coeficiente de sustentación (aumentando el ángulo de ataque) para soportar el peso. Conforme la velocidad aumenta será necesario reducir la superficie de las alas o el ángulo de ataque. La superficie de las alas, en los aeroplanos, se puede aumentar con dispositivos como los flaps y los pájaros extienden o retraen las alas y la cola con gran facilidad. Para ajustar el ángulo de ataque, pájaros y aeronaves utilizan la cola con la que levantan o bajan el morro. En función de la velocidad del vuelo, la superficie de las alas y el ángulo de ataque son los dos parámetros que ajustan los voladores para igualar la sustentación al peso.

Por último, para cerrar este apartado, me referiré a la geometría de las alas (*Figura 7-A2*): la extensión de las mismas, de punta a punta, se denomina *envergadura* (b); la medida en el sentido longitudinal, de cualquier sección, se llama *cuerda* (c); en un ala rectangular, el cociente entre la envergadura y la cuerda media (b/c) se conoce como *relación de aspecto* (AR).

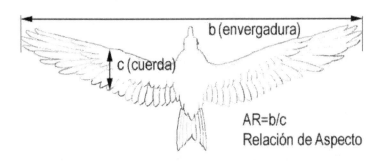

Figura 7-A2. Envergadura, cuerda y relación de aspecto de las alas.

No voy a extenderme aquí en las razones por las que la relación de aspecto (AR) condiciona las propiedades aerodinámicas de las alas, que son mejores cuanto mayor sea este parámetro. Esto quiere decir que para conseguir alas con un valor de (L/D) alto deben ser estrechas y alargadas y para ellas el parámetro AR también es elevado. La relación (L/D) máxima de un aeroplano planeador puede ser mayor de 40, lo que significa que por cada 100 kg de peso necesitaríamos un empuje de 2,5 kg para mantener el vuelo nivelado; en un reactor comercial, este parámetro es del orden de 15 y en los pájaros alrededor de 10.

Para resumir: cuando un volador se mueve en el aire la componente de la fuerza aerodinámica perpendicular a su velocidad se llama sustentación (L) y la que tiene la misma dirección, resistencia (D); para mantener el vuelo sostenido es necesario aplicar una fuerza igual a la resistencia (D), en la dirección del vuelo, que genere una sustentación (L) igual al peso del volador. En los pájaros y los aviones, la fuerza de tracción (igual a D) es del orden de 10 a 40 veces más pequeña que el peso que se quiere soportar (igual a L) para mantener el vuelo nivelado con velocidad constante. Tanto la sustentación (L) como la resistencia (D), son proporcionales al cuadrado de la velocidad, a la superficie del ala (S), a la densidad del fluido (ρ) y a los coeficientes de sustentación (CL) o resistencia (CD). Los coeficientes de sustentación (CL) y resistencia (CD) dependen del ángulo de ataque (α) que forma la dirección de la corriente de aire con el ala.

El número de Reynolds y el número de Mach

El número de Reynolds es un parámetro que tiene una gran relevancia en el estudio de las fuerzas que la corriente de un fluido ejerce sobre un sólido. Dicho número indica la importancia relativa que tienen en la corriente las fuerzas de inercia con respecto a las viscosas o de rozamiento y viene dado por la siguiente expresión:

$$R_e = \frac{\rho\, c\, u}{\mu} = \frac{c\, u}{\nu} \; [3]$$

En donde ρ (densidad del fluido), c (cuerda o dimensión característica), u (velocidad de la corriente), μ (viscosidad dinámica del aire), $\nu=\mu/\rho$ (viscosidad cinemática del aire, a 10 grados centígrados es igual a $1,4\ 10^{-5}\ m^2/s$)

Los pájaros vuelan con números de Reynolds entre 25 000 y 350 000, mientras que los grandes aviones comerciales lo hacen con números de Reynolds superiores: alrededor de 1 000 000. Esto supone que las fuerzas inerciales de la corriente de aire, en el vuelo de los aviones, son un millón de veces más grandes que las viscosas. En la media en la que las fuerzas inerciales —con respecto a las viscosas— crecen, el flujo puede pasar de laminar (las líneas de corriente siguen el contorno del objeto) a turbulento (las líneas de corriente se desprenden y se forman torbellinos) con mayor facilidad. Eso explica que las superficies del fuselaje y alas de los aviones comerciales deben de ser poco rugosas, mientras que en las de los pájaros el flujo se mantiene adherido con mayor facilidad a pesar de las irregularidades que presenta el plumaje. De otra parte, hemos visto que la relación (L/D) de un perfil de ala depende del ángulo de ataque y además existe un ángulo de ataque para el que es máxima. Hay que tener en cuenta que dicha relación también depende del número de Reynolds; para valores pequeños de este parámetro (menos de 50 000) en muchos perfiles de ala, la relación (L/D) es bastante más pequeña que con números de Reynolds elevados. Este efecto tiene una gran importancia en el vuelo de los pájaros.

El número de Mach es la relación entre la velocidad de la corriente de aire y la velocidad a la que se propagan las perturbaciones de presión en el aire, que es la velocidad del sonido. Cuando el número de Mach es superior a la mitad de la velocidad del sonido se producen perturbaciones que pueden afectar la presión del aire. La velocidad de propagación del sonido en el aire, en condiciones normales, es de 340 metros por segundo, por lo que el número de Mach en el vuelo de los pájaros es muy pequeño (inferior a 0,1 M). No ocurre lo mismo en los reactores comerciales en los que el vuelo tiene lugar con valores de este número próximos a 0,9 M. En el rango de velocidades que se mueven los pájaros podemos considerar que el aire se comporta como un fluido incomprensible (densidad constante).

Características aerodinámicas de las alas

Hemos visto que las alas fijas de los aeroplanos, cuando reciben una corriente de aire con un ángulo relativamente pequeño (ángulo de ataque), aportan sustentación (L) que es una fuerza perpendicular a la dirección del viento y generan resistencia (D) que es otra fuerza, en la dirección del viento. Para medir la eficiencia de un ala normalmente utilizamos la relación (L/D); es la cantidad de sustentación que suministra por unidad de resistencia. En las *figuras 2-A2 a 6-A2* se muestran los gráficos de un perfil y los valores típicos de estas fuerzas en función del ángulo de ataque. En un avión comercial, el valor de (L/D) es del orden de 15-18; en la *Tabla 1* hemos estimado este parámetro para algunos pájaros que podría oscilar entre 9 y 16.

En general, las características aerodinámicas de las alas dependen de la geometría de su perfil (sección perpendicular al eje trasversal, de punta a punta) y de su forma en planta. Las alas con perfiles delgados ofrecen menor resistencia al avance, pero entran antes en pérdida al aumentar el ángulo de ataque que las que tienen perfiles algo más gruesos. Los perfiles planos generan menos sustentación que los curvos. Las alas estrechas y alargadas son muy eficientes, es decir, poseen una relación entre sustentación y resistencia (L/D) elevada.

Sabemos que la sustentación de un ala depende de la densidad del aire, de la superficie, del coeficiente de sustentación y del cuadrado de la velocidad. En un vuelo nivelado, con velocidad uniforme, la sustentación debe ser igual al peso del volador, se trate de un pájaro o un aeroplano. Los aviones de ala fija utilizan la totalidad de la superficie de sus alas para generar sustentación, mientras que los pájaros necesitan que las alas también produzcan la tracción que, en el caso de los aeroplanos, suministran las hélices o los motores a reacción. Este doble uso que los pájaros dan a las alas, hace que la comparación entre aves y aeroplanos no pueda hacerse de forma tan directa en el vuelo de aleteo. Aun así y todo, los principios aerodinámicos de las alas son válidos tanto para unos como para los otros. Que la sustentación tenga que igualar al peso para que el volador mantenga una trayectoria con velocidad uniforme y nivelada, es un requerimiento independiente de la forma en que utilice las alas. Como la velocidad de vuelo puede variar dentro de un rango bastante amplio, es preciso que el coeficiente de sustentación y la superficie de las alas se ajusten a fin de compensar el incremento o disminución de velocidad. El coeficiente de sustentación sabemos que depende del ángulo de ataque según una relación prácticamente lineal hasta que este ángulo alcanza un determinado valor y a partir de ahí, el coeficiente de sustentación disminuye bruscamente. Aumentar el ángulo de ataque es lo que hacen los voladores para disminuir la velocidad sin perder altura. Para conseguir una velocidad aún menor, los pájaros poseen la capacidad de alterar la superficie de sus alas y la de la cola, algo que para los aeroplanos no es tan fácil, aunque estos recurren al empleo de dispositivos hipersustentadores.

La resistencia al avance de las alas se debe, de una parte a la resistencia inducida, directamente ligada a la generación de sustentación, y de otra a la fricción del aire con la superficie y la forma del ala. La resistencia inducida es muy grande a poca velocidad y disminuye conforme aumenta, mientras que con la resistencia de fricción y de forma ocurre lo contrario.

La resistencia inducida también depende de la envergadura del ala, si fuese infinita, valdría cero. Por eso las alas estrechas y alargadas son más eficientes que las cuadradas. Si bien, la resistencia de fricción y de forma son conceptos intuitivos la resistencia inducida no lo es tanto ¿De dónde surge esta componente de la resistencia? Podemos entender que debajo de las alas, en el intradós, la presión es mayor que en la parte superior de las mismas, el extradós. No es difícil de intuir que en las puntas de las alas se generan torbellinos, que hacen circular el aire de abajo hacia arriba, al desaparecer la superficie que soportaba estas diferencias de presión. Ocurre que, de las puntas de las alas, se desprenden torbellinos cuya energía debe ser aportada por la corriente de aire, lo que induce la correspondiente resistencia, asociada a la sustentación (*Figura 8-A2*). Estos torbellinos se propagan corriente atrás y suponen un peligro para cualquier aeronave ligera que navegue en la estela de una de mayor tamaño. Sin embargo, algunos pájaros migratorios han aprendido a beneficiarse de ellos volando en formaciones dispuestas en *uve*.

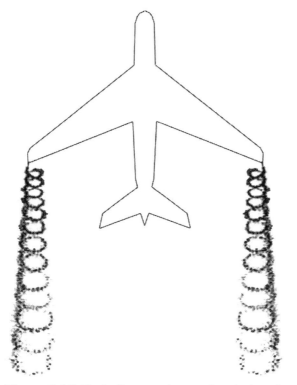

Figura 8-A2. Torbellinos en las puntas de las alas

Para disminuir la resistencia inducida, muchos aeroplanos incorporan unos adminículos denominados *winglets,* en las puntas de las alas (*Figura 9-A2*). El efecto de estos dispositivos equivale a incrementar la envergadura del ala en una longitud similar a la de los mismos. De esta forma se perturba la generación de los torbellinos y se aminora la resistencia inducida. Las aves lo consiguen, a baja velocidad, abriendo las plumas primarias, con lo que en las puntas, las alas poseen ranuras por el efecto de las plumas, que también se doblan hacia arriba.

Las alas con una elevada relación de aspecto son muy eficientes, pero los pájaros o aeronaves con este tipo de alas maniobran con mayor dificultad. Las alas cortas favorecen la rapidez en los movimientos de alabeo y las cuadradas, con una relación de aspecto pequeña, pueden soportar ángulos de ataque más grandes sin entrar en pérdida.

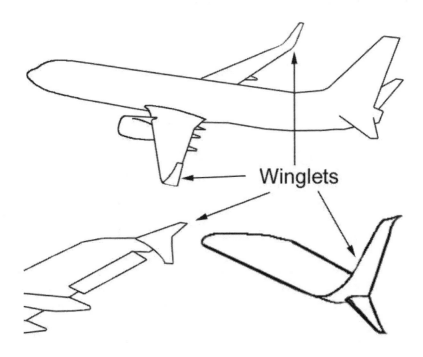

Figura 9-A2. Distintos tipos de winglets

La entrada en pérdida

Hemos visto que conforme aumenta el ángulo de ataque de un perfil también se incrementa su coeficiente de sustentación (CL) hasta un punto en el que cae bruscamente (alrededor de 20 grados); cuando ocurre esto decimos que el ala ha entrado en pérdida. La entrada en pérdida se produce porque el flujo en el extradós deja de ser laminar y se hace turbulento.

La velocidad del aire en las líneas de corriente que envuelven el perfil tiene que disminuir progresivamente hasta hacerse cero en la superficie del perfil. Esta disminución se produce en una estrecha lámina que se denomina capa límite, en la que existe un gradiente de velocidad cuando nos movemos perpendicularmente a la superficie del perfil. La velocidad es cero en la superficie y va aumentando hasta alcanzar el valor que tiene la corriente alrededor del perfil (*Figura 10-A2*)

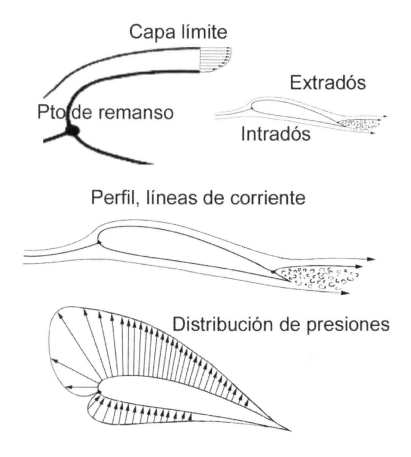

Figura 10-A2 y 11-A2

El flujo del aire alrededor del perfil fuera de la capa límite, cuando es laminar, se acopla a la forma del mismo y lo más probable es que se establezcan dos puntos de remanso, en donde la velocidad se hace cero, uno cerca del borde de ataque del perfil y otro en el extradós, cerca del borde de salida. (*Figura 11-A2*).

Si seguimos la línea de corriente pegada a la capa límite por el extradós, la velocidad del aire disminuye conforme se aproxima al punto de remanso y luego aumenta mucho, hasta llegar a un punto de máxima succión para disminuir a continuación hasta hacerse mínima en las proximidades del punto de remanso del extradós próximo al borde de salida. En el intradós la velocidad en la línea de corriente disminuye al aproximarse al borde de ataque y sigue disminuyendo hasta alcanzar un mínimo, para aumentar a partir de ese punto hasta el borde de salida. Se pueden considerar otros casos de flujo en el borde de salida del perfil, en función de la forma del mismo: si es romo las líneas de corriente del intradós podrían doblar el borde de salida hasta el punto de remanso del extradós. Lo normal es que el borde de salida sea anguloso y que la capa límite de las corrientes del intradós y extradós confluyan en su proximidad para abandonar el perfil siguiendo una estela viscosa. Teniendo en cuenta que, de acuerdo con la ecuación de Bernoulli, al aumentar la velocidad del fluido disminuye la presión y viceversa, en el extradós se produce una depresión y en el intradós una sobrepresión; la depresión es mayor que la sobrepresión. Estas fuerzas de presión se transmiten sin modificarse a través de la capa límite a la superficie del ala.

Al aumentar el ángulo de ataque del perfil, el coeficiente de sustentación también se incrementa hasta que se produce la entrada en pérdida del ala cuando este ángulo es del orden de unos 20 grados. La entrada en pérdida ocurre porque, en el extradós, la capa límite se desprende. El aire que llega al borde de ataque siguiendo una línea de corriente próxima a la capa límite, pero fuera de ella y por el extradós, conforme se aproxima al perfil se va frenando; cerca del perfil la velocidad es muy pequeña, en las proximidades del punto de remanso, pero cuando empieza a cambiar de dirección para adaptarse a la forma del perfil la velocidad aumenta. Aumenta muy rápidamente hasta llegar a un punto de máxima succión que está en el extradós y cerca del borde de ataque. La presión se comporta al revés que la velocidad y por lo tanto, primero aumenta y después disminuye mucho. Pasado este punto de máxima succión, en el extradós, la velocidad del aire disminuye progresivamente hasta el punto de remanso del borde de salida. Desde el punto de máxima succión hasta el borde de ataque, en el extradós, el aire se encuentra con que conforme avanza, la presión aumenta. Este gradiente de presión adverso, dentro de la capa límite, hace que las partículas de aire cercanas a la superficie del perfil se frenen más que las que las exteriores y lleguen a cambiar de sentido, lo que origina el desprendimiento de la capa límite.

Si el ángulo de ataque es grande, la presión en el punto de máxima succión es muy baja y el gradiente adverso crece lo que favorece el desprendimiento de la capa límite.

Además del ángulo de ataque, el espesor y la forma del perfil también influyen en la entrada en pérdida del ala. Un perfil delgado obliga a que la corriente tenga que adaptarse con brusquedad a la forma del perfil lo que implica un incremento muy rápido de la succión en el borde de ataque y un gradiente adverso de presión acusado. Un perfil grueso facilita que la corriente no sufra variaciones tan bruscas de velocidad. En general, las alas con perfiles gruesos o medios soportan ángulos de ataque más grandes que las de perfiles delgados.

La curvatura del perfil también influye en la entrada en pérdida del ala. Los perfiles curvos, con cámara, facilitan que la variación de la velocidad de la corriente de aire se produzca con mayor suavidad.

Los procesos asociados a la entrada en pérdida de las alas son bastante complejos. Se pueden formar burbujas turbulentas en el extradós, con desprendimiento de la capa límite cerca del borde de ataque y posterior adherencia de la misma, con lo que se retrasa la entrada en pérdida. Un ala cuadrada, con la cuerda relativamente grande, dotada de un perfil grueso y curvatura, puede soportar ángulos de ataque grandes, sin entrar en pérdida, a pesar de que su eficiencia aerodinámica no sea demasiado buena. Además, el flujo de aire en la capa límite puede ser laminar o turbulento y si es turbulento tarda más en desprenderse.

Una forma de retrasar la entrada en pérdida de un ala consiste en inyectar aire del intradós en el extradós, a través de ranuras para disminuir el gradiente de presión adverso que motiva el desprendimiento de la capa límite. Esto es lo que hacen muchos dispositivos hipersustentadores en los aviones y el álula en los pájaros.

Los aeroplanos y los pájaros tienen que volar dentro de un amplio margen de velocidad. Las alas se diseñan para hacerlo a la velocidad de crucero que debería estar cerca de la que se corresponde con el máximo valor de la relación entre sustentación y resistencia (L/D). Cuando aminoran la marcha lo normal es aumentar el ángulo de ataque, de esa forma compensan la pérdida de sustentación, debida a la disminución de velocidad, al incrementar el coeficiente de sustentación (CL). Recordemos que la sustentación debe compensar el peso del volador, y su valor viene dado por la expresión [1]:

$$L = \frac{1}{2} \rho \, v^2 \, c_L S$$

Cuando el ángulo de ataque se aproxima a los 20 grados el coeficiente de sustentación del ala no puede seguir aumentando mucho más, por lo que el volador tiene que utilizar otros recursos. Incrementar la superficie sustentadora es uno de ellos. Los pájaros despliegan la cola y extienden las alas al máximo. Muchos aviones sacan unas superficies adicionales (flap Fowler) que aumentan la superficie de las alas. Las aeronaves curvan el perfil de sus alas con los flaps que actúan como deflectores de la corriente de aire y los pájaros utilizan la cola para producir el mismo efecto que los flaps de los aviones. Además, por lo general entre los flaps y el borde de salida del ala se deja una ranura que en el caso de los pájaros es el espacio que queda entre las alas y la cola abierta, para inyectar aire del intradós en el extradós. En los aviones también se emplean superficies sobresalientes en el borde de ataque, separadas por una ranura, denominadas *slats*; en las aves el álula o dedo pulgar recubierto con dos o seis plumas, realiza una función similar (*Figura 12-A2*).

De acuerdo con los experimentos realizados por Sang-im Lee, y otros (2014), el álula de los pájaros efectivamente aumenta la sustentación y retrasa la entrada en pérdida. Este efecto se debe al torbellino que se desprende de la punta del álula que incrementa la circulación y evita la separación de la capa límite de la superficie del ala. Es un dispositivo que aumenta la fuerza de sustentación y mejora la maniobrabilidad del pájaro con grandes ángulos de ataque.

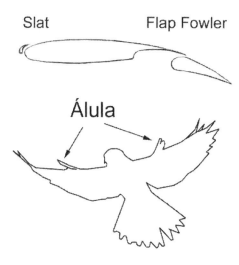

Figura 12-A2 Dispositivos hipersustentadores

El patagio de las aves —una membrana elástica que une el cuerpo con los dedos y conforma el borde de ataque de sus alas— se curva hacia adelante cuando extienden los brazos. Actúa como un flap de borde de ataque (tipo Krueger), incrementa la curvatura y retrasa la entrada en pérdida del ala. Es otro mecanismo que poseen los pájaros para aumentar la sustentación a baja velocidad, con las alas completamente extendidas.

Otra forma que tienen las alas de las aves para retrasar la entrada en pérdida del perfil consiste en fijar sobre el extradós del perfil el punto en el que se produce el desprendimiento de la capa límite. Este viene determinado por el lugar en el que algunas plumas cobertoras, de las secundarias, se levantan cuando la succión alcanza un determinado valor.

Los perfiles de las alas

Los perfiles de las alas determinan su forma de entrada en pérdida y la sustentación. En la *figura 13-A2* se muestra cómo evolucionaron los perfiles de los aeroplanos, durante los primeros años de la aviación. En un principio eran delgados con un ángulo de ataque muy afilado y posteriormente se han ido construyendo con mayor espesor y borde de ataque, romo, más suave.

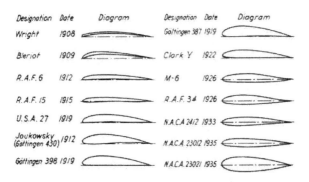

Figura 13-A2 Secuencia histórica de la forma de los perfiles de las alas de los aeroplanos (Clark Millikan, *Aerodynamics of the Airplane,* 1941)

En la *figura 14-A2* podemos ver cómo los perfiles del ala del ala de un azor (Accipiter gentilis) varían significativamente a lo largo de la envergadura. En general, la forma de los perfiles de las alas de los pájaros es bastante distinta a la que suelen tener las de los aeroplanos. Son gruesos y curvados en el encastre, cerca del cuerpo del ave, y se tornan más delgados y planos hacia las puntas. De acuerdo con las mediciones realizadas por Vest y Katz (1996) y Álvarez, Meseguer y Pérez (2004), en palomas (Columba livia) y pardelas baleares (Puffinus mauretanicus), el espesor de las alas de estas aves es del orden de 0,18 c (c=cuerda) en el encastre, y moviéndonos hacia la punta, a un 20% de la longitud total del ala, medida desde el cuerpo, se reduce el espesor mucho, hasta un valor de 0,1 c y desde este punto hasta el extremo del ala, donde el espesor se hace cero, disminuye linealmente. En el extremo del ala las plumas rémiges o primarias se pueden separar con lo que el perfil, a pesar de ser muy plano, aparece con ranuras (esto puede apreciarse muy bien en la *figura 14-A2*, sección (d)). Es posible que las ranuras, al facilitar el soplado de aire desde el intradós al extradós, permitan retrasar la entrada en pérdida. En cualquier caso lo que sí se ha comprobado es que sirven para disminuir la resistencia inducida del ala, ya que interfieren el desarrollo de los torbellinos que se desprenden de la punta.

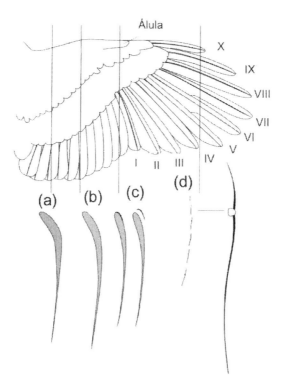

Figura 14-A2. Dibujo de los perfiles del ala de un azor (Accipiter gentilis), (Herzog, 1968).

ANEXO III

El coste del vuelo

El coste del vuelo

Un ser vivo en reposo consume una cantidad de energía diaria mínima: la necesaria para mantener sus constantes vitales. El valor de dicha energía es lo que se conoce como tasa metabólica basal (TMB). Con el ejercicio, la demanda energética aumenta, alcanzando un valor que a veces se expresa como un múltiplo de la TMB.

La cantidad de energía que consume un pájaro durante el vuelo, puede determinarse mediante su pérdida de peso, sobre todo en vuelos largos. Cabe suponer que dicha pérdida está relacionada con el consumo de reservas energéticas (sobre todo de grasas) y sabemos la cantidad de energía que se produce cuando se queman los nutrientes. También es posible evaluar el consumo energético del vuelo midiendo el dióxido de carbono, el vapor de agua o el calor que genera el pájaro; cualquiera de estos valores está relacionado con el consumo de combustible (grasas, hidratos de carbono o proteínas) a través de las reacciones de combustión. Otra forma de averiguar el gasto de nutrientes es midiendo el ritmo cardíaco del pájaro durante el vuelo, que regula el flujo de sangre y por tanto la cantidad de oxígeno aportada a la combustión de las grasas. Desde hace poco tiempo, también se utiliza un método basado en la inyección previa de isótopos de oxígeno e hidrógeno y el análisis posterior de la variación en sangre del porcentaje de los mismos.

A lo largo de los últimos 50 años, se han llevado a cabo muchos experimentos, utilizando distintas técnicas y hoy se dispone de una gran cantidad de información relacionada con el consumo energético asociado al vuelo de los pájaros. Sin embargo, antes de profundizar más en este asunto me parece necesario introducir los conceptos físicos de energía, trabajo y potencia.

Energía y trabajo, podemos considerarlos sinónimos, y desde un punto de vista físico es el producto de una fuerza por la distancia recorrida en la dirección de la fuerza. Si levantamos verticalmente un peso, la energía será el producto del peso por la elevación: un ascensor de 300 kilogramos desarrolla un trabajo de 3000 kilogramos-metro al ascender 10 metros. Normalmente el trabajo se mide en julios y habría que multiplicar los kilogramos-metro por 9,8 para pasarlos a julios (300 x 9,8=29 400 julios). El trabajo (energía) también puede medirse en calorías. La relación que existe entre julios y calorías es de 4,18 julios por 1 caloría. El trabajo del ascensor sería, expresado en calorías: 29 400/4,18=7033,5 calorías. A veces, el trabajo se expresa en miles de julios (kilojulios).

La potencia es el trabajo dividido por el tiempo que se emplea en desarrollarlo. La potencia se mide en julios por segundo (vatios), o si son miles de julios por segundo: kilovatios. Para subir el ascensor 10 metros en 15 segundos, la potencia que se necesita es de (29 400/15=1960 vatios) y si se hace en el doble de tiempo (30 segundos) la potencia será la mitad (29 400/30=980 vatios). En el caso del ascensor, se requiere un motor de 1,9 kilovatios de potencia para subir la carga en 15 segundos, pero bastaría uno de 0,98 kilovatios si nos conformamos con hacerlo en 30 segundos. Es fácil comprobar que la potencia también se obtiene multiplicando la fuerza por la velocidad, ya que el trabajo es fuerza por distancia que dividido por el tiempo equivale a fuerza por velocidad.

El calor es también energía y antes hemos visto que 4,18 julios equivalen a 1 caloría. Una caloría es el calor necesario para aumentar un grado, un gramo de agua que esté a una temperatura de 14,5° Centígrados, a una presión normal de una atmósfera. Mil calorías equivalen a una kilocaloría.

Antes vimos que todos los animales queman hidratos de carbono, lípidos (grasas) o proteínas para obtener la energía que exige su metabolismo, que incluye la necesaria para soportar el ejercicio de sus músculos, en función del trabajo que realicen en todo momento. Al combinarse con el oxígeno, la cantidad de energía que liberan estos combustibles, en kilojulios por gramo, es la siguiente: hidratos de carbono (16,7 KJ/g), lípidos o grasas (39,7 KJ/g), proteínas (17,8 KJ/g). A partir de estos datos es fácil calcular la cantidad de grasa que un pájaro tendrá que consumir para realizar un determinado trabajo, o a la inversa, la cantidad de trabajo o potencia desarrollada por el animal si conocemos el tiempo de actividad y el peso y tipo de combustible (normalmente grasas para esfuerzos continuados) que ha consumido. Hay que recordar que del total de la energía que libera nuestro organismo, tan solo alrededor del 20% se transforma en energía mecánica útil.

Y para poner un ejemplo concreto calcularemos cuánta grasa perdería teóricamente un individuo de 75 kilogramos que sube a pie cuatro pisos de un edificio cuya altura es de 3 metros por piso (12 metros en total), suponiendo que la energía necesaria para desarrollar este trabajo la aporta su grasa, aunque esto no es exactamente así. El trabajo mecánico realizado, en kilogramos-metro es de 75x12=900, que se corresponde con 900x9,8=8820 julios (8,82 KJ). Este valor hay que dividirlo por el rendimiento energético (20%), debido a las pérdidas asociadas a la transformación de la energía de la combustión de los nutrientes en energía mecánica, con lo que el resultado es de 44,1 Kilojulios. Para generar esta energía habría que quemar poco más de un gramo de grasa (44,1/39,7=1,11 gramos). El ejemplo da una idea de la cantidad de ejercicio físico que hace falta para perder peso, que como se ve es mucho. En realidad, una persona cuyas condiciones físicas no sean malas, puede subir los cuatro pisos de la escalera en menos de un minuto y no necesitará recurrir a sus reservas de grasa de forma inmediata.

Volveremos otra vez al asunto que nos interesaba: la energía que necesitan los pájaros para volar. La cantidad de energía por unidad de tiempo que consume un pájaro en vuelo (potencia), suele denominarse coste energético del vuelo, o coste del vuelo.

Como hemos visto, hay diversos métodos para determinar el coste del vuelo; en muchos de los estudios que se han hecho para evaluar este parámetro se observaron aves migratorias, aunque también se han realizado experimentos dentro de laboratorios, en túneles de viento. Uno de estos experimentos con aves migratorias lo llevaron a cabo Piersma y Jukema (1990). Durante varios años observaron los vuelos de las becasinas de cola barrada (Limosa lapponica) desde el banco de Arguin, en Mauritania, al mar de Wadden, en Holanda. El peso medio de los machos al iniciar el vuelo era de 350 gramos y el de las hembras 450 gramos (como casi todas las aves, las becasinas presentan dimorfismo sexual y las hembras son más grandes). Llegaron a la conclusión de que la trayectoria que debían recorrer tenía una longitud de 4300 kilómetros. Considerando las corrientes de aire y la velocidad de vuelo de los pájaros, estimaron que la duración del viaje debía ser de 57,3 horas. Las becasinas, durante el vuelo migratorio, se beneficiaron de la existencia de vientos fuertes. Constataron que los machos perdían, de media, 136 gramos, y las hembras 178 gramos, de peso. Comprobaron, en Mauritania, durante la fase de engorde previa al viaje, que los tejidos de estas aves contenían un 64% de grasa, en el caso de los machos y un 67% en el de las hembras. Con todos estos datos determinaron el coste del vuelo: 17,8 vatios para los machos y 24,2 vatios para las hembras.

Si transportamos este ejercicio a una escala humana, los 17,8 vatios de una becasina macho que (pesa 350 gramos) equivaldrían a 3,8 kilovatios para un hombre que pesase 75 kilogramos. Este coste energético le permitiría al supuesto individuo desarrollar un esfuerzo mecánico de 760 vatios, teniendo en cuenta un rendimiento del 20% que antes he señalado. En realidad, un atleta entrenado no puede mantener un nivel de ejercicio sostenido durante mucho tiempo, que exija una potencia mecánica superior a unos 250 vatios y en ningún caso hasta perder un 39% de su peso, como hacen los machos de esta especie de aves.

John J. Videler (2005) recopiló un conjunto de resultados de 38 experimentos efectuados con distintos métodos (pérdida de masa, consumo de oxígeno, isótopos, ritmo cardíaco, etc.) para determinar el coste energético del vuelo de varias especies de aves. Comprobó que el coste del vuelo aumentaba conforme se incrementaba el peso del pájaro; dedujo que existe un límite máximo para este parámetro, al que se le aproximan las aves sin superarlo, de acuerdo con la siguiente fórmula:

Coste máximo del vuelo = $60\ m^{0,667}$ [4]

En donde el coste máximo del vuelo se expresa en vatios y m en kilogramos.

En la Tabla 4 se listan valores del coste del vuelo observado y el máximo teórico, según la fórmula anterior, para varios pájaros. La importante discrepancia que se da en el caso del albatros es debida al estilo tan particular de vuelo de esta ave. Mientras que en los demás casos las aves efectuaron vuelos con batimiento de las alas durante las observaciones, casi en la totalidad de los del albatros, el pájaro, pasó la mayor parte del tiempo (97%) planeando.

	Peso	Coste del vuelo	
		Observado	Teórico
	gr	vatios	vatios
Golondrina común	19	1,6	4,3
Estornino europeo	73	9	10,5
Cernícalo vulgar	213	14,6	21,4
Barnacla cariblanca	2100	102	98,4
Albatros	9360	43,8	266,7

Tabla 4 Coste del vuelo
Golondrina común (Turner, 1982)
Estornino europeo (Torre-Bueno y La Rochelle, 1978)
Barnacla cariblanca (Ward y otros, 2002)
Albatros (Arnould y otros, 1996

Si dividimos el coste energético por la masa del pájaro, en la fórmula de Videler, nos encontramos con que el coste energético del vuelo por unidad de masa, decrece con la masa del pájaro.

Coste energético/masa = $60\ \dfrac{1}{m^{0,33}}$ [5]

También podemos constatar que el consumo de energía, por unidad de masa y de distancia recorrida, disminuye, conforme aumenta la masa de los pájaros. Ambas consideraciones apuntan a que el transporte de masa es más eficiente en los pájaros de mayor peso. De otra parte, sabemos que el vuelo de animales pesados es poco frecuente en la naturaleza. Algo que parece contradictorio, pero puede explicarse debido a que la energía que exige el transporte aéreo es relativamente grande y los pájaros de mayor peso tratan de compensar la dificultad que les plantea dicha demanda con una mejora de la eficiencia, en la medida de sus posibilidades.

Gabrilov y Dolnik (1985) efectuaron 263 medidas de la tasa metabólica basal (TMB) de pájaros con diferentes pesos y llegaron a la conclusión de que este parámetro aumenta con su masa de acuerdo con la siguiente fórmula:

$$TMB = 4,2 \, m^{0,667} \qquad [6]$$

En donde el TMB se expresa en vatios y la masa m en kilogramos.

Esta fórmula y la anterior de Videler, pueden combinarse para calcular que en los pájaros el coste del vuelo es 14,28 (60/4,2) veces la tasa metabólica basal. El pájaro en vuelo, consume 14,28 veces más energía por segundo que cuando está en reposo.

Hemos visto hasta aquí, que la energía que emplean los pájaros en el vuelo puede calcularse a partir del consumo de nutrientes, midiendo la pérdida de peso directamente o a través de la variación de cualquiera de los otros elementos que intervienen en su combustión. Sin embargo, también se han desarrollado otros modelos que, en función de las características del pájaro, tratan de estimar el consumo energético del vuelo.

Los modelos, que en la actualidad disponemos para determinar el coste del vuelo, son de dos tipos: los que se fundamentan en la información obtenida en experimentos reales como el de Videler que ya he expuesto, y los que se sustentan en desarrollos físicos y matemáticos. Los primeros gozan de la simpatía de los biólogos, ornitólogos y naturalistas, mientras que a los ingenieros y físicos les atraen más los segundos. Los modelos empíricos se reducen a una función en la que intervienen variables que tienen que ver con el peso y la forma del pájaro; dicha función aporta directamente el coste del vuelo. En todos ellos, el parámetro principal es la masa del volador. Estas funciones se han construido con la intención de que sus valores se aproximen a los datos obtenidos en experimentos con aves en vuelo. Tratan de ajustar las curvas, lo máximo posible, a la nube de puntos que representa los resultados de observaciones de pájaros reales, al aire libre o en túneles aerodinámicos. Los modelos aerodinámicos, determinan el coste del vuelo a partir de la masa, la envergadura, y no muchos datos más del ave, en función de la altura (densidad del aire), aplicando un modelo teórico-físico del vuelo del pájaro. Estos modelos proporcionan, con pocos datos, el coste mecánico asociado al vuelo; es decir, la potencia mecánica necesaria para volar. Sin embargo, los métodos empíricos, basados en mediciones reales dan de forma directa el coste químico. La energía química se transforma en energía mecánica en el organismo del pájaro y para pasar de una a otra hay que tener en cuenta el rendimiento asociado a este proceso (del orden del 20%). Eso significa que los errores en la determinación de energía mecánica resultantes de la aplicación del modelo aerodinámico, al pasar la energía mecánica a química (que es la que realmente desarrolla el pájaro) se multiplicarán por un factor próximo a 5. Los errores de los métodos empíricos no se ven afectados por ningún coeficiente multiplicador, ya que tal conversión no existe. Es evidente que los modelos empíricos tienen otras debilidades: la curva de ajuste para una especie difiere de la curva de ajuste entre especies.

Modelización empírica del coste del vuelo

Se han propuesto diversas fórmulas para determinar el coste del vuelo a partir de la masa del pájaro y, en algunos casos, además de la masa (*m*) se tiene en consideración la envergadura

(b) y la superficie alar (S), que se ajustan a resultados de ensayos reales (al aire libre, en túneles de viento, o todos los estudios). Algunas de ellas, en las que los experimentos que aportan los datos se hicieron con distintas especies, son las siguientes:

$e_f = 60\ m^{0,667}$ (Valor máximo de e_f,Videler 2005)   [7]

$e_f = 60,5\ m^{0,735}$ (Túnel de viento, Norberg 1996)   [8]

$e_f = 0,305\ m^{0,756}$ (Aire libre, Masman y Klaassen 1987) [9]

$e_f = 57,3\ m^{0,813}$ (Todos los estudios, Norberg 1996) [10]

$e_f = 51,5\ m^{1,37}\ b^{-1,60}$ (Todos los estudios, Norberg 1996) [11]

$e_f = 17,36\ m^{1,013}\ b^{-4,236}\ S^{1,926}$ (Todos los estudios, Masman y Klaassen 1987)   [12]

También existen propuestas basadas en ensayos con pájaros de la misma especie:

$e_f = 0,74\ m^{0,55}$ (Estornino Rosado, Pastor roseus, de Engel et al, 2006)   [13]

$e_f = 0,38\ m^{0,58}$ (Golondrina común, Hirundo rustica, de Engel et al, 2006)   [14]

(e_f, en vatios; m en kilogramos; b en metros; S en metros cuadrados)

Modelización aerodinámica del coste del vuelo

Los modelos aerodinámicos emplean conceptos derivados del mundo aeronáutico; las ecuaciones que predicen el coste del vuelo se determinan aplicando las leyes de la mecánica newtoniana. Sin embargo existe una diferencia fundamental entre el vuelo de los pájaros y el de los aeroplanos. Estos últimos se apoyan en las alas para compensar el peso de la nave y vencen la resistencia al avance gracias a sus sistemas de propulsión, de hélice o reactores. El empuje está desacoplado de la de la sustentación. En el caso de los pájaros, no ocurre así. Las alas sirven para equilibrar el peso del ave y, al mismo tiempo, producen el empuje que mantiene la velocidad. Solamente cuando el pájaro planea, con las alas extendidas e inmóviles, el vuelo de las aves se asemeja al de los aeroplanos; en este caso, la fuerza de la gravedad es el motor que se ocupa de vencer la resistencia al avance, que no sigue una línea horizontal, sino descendente.

En cualquier caso, podemos suponer que un pájaro que vuela nivelado, con velocidad constante, batiendo las alas, es un artefacto capaz de impulsar aire hacia abajo y hacia atrás. Según la mecánica clásica, la cantidad de movimiento que el pájaro genera en el aire, verticalmente, produce una fuerza hacia arriba de igual magnitud; esta fuerza deberá compensar su peso.

Cabe imaginar que el pájaro está quieto y que es el aire el que se mueve alrededor suyo con la misma velocidad que lo hace el pájaro (v_t). También vamos a suponer que el flujo de aire afectado por el pájaro circula por un tubo de diámetro (b), igual a la envergadura de sus alas, cuya sección normal es un círculo de área (S_d). El pájaro es capaz de impulsar verticalmente hacia abajo el aire que pasa por el tubo. El aire alejado del pájaro se mueve con una velocidad que es completamente horizontal, pero conforme se acerca al volador, éste desvía el chorro de aire hacia abajo. Supongamos que poco a poco, el aire se curva y el flujo, cuando se aleja del pájaro, circula con la velocidad que traía más una componente vertical (v_i). También vamos a suponer que esta componente de la velocidad es muy pequeña en comparación con la de traslación del pájaro (v_t). (_Figura 1-A3_).

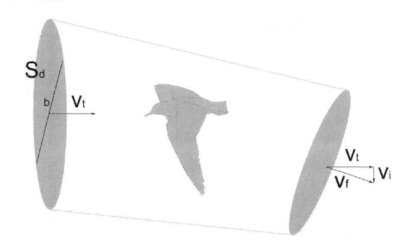

Figura 1-A3 Flujo de aire alrededor del pájaro. Impulso vertical.

La masa de aire (m_r), cuya densidad representamos por (ρ), que pasa por el tubo por unidad de tiempo es:

$$m_r = \rho \, v_t S_d \ \text{[15]}$$

La variación de cantidad de movimiento de esta masa, en el sentido vertical, es la fuerza que el pájaro ejerce sobre dicha masa y, de acuerdo con las leyes de Newton, tiene que ser igual su peso:

$$v_i m_r = mg \ \text{[16]}$$

Y el incremento de energía por unidad de tiempo de dicha masa, es el trabajo por unidad de tiempo que el pájaro entrega al aire. Esta potencia la denominaremos como potencia inducida (P_{ind}). Dicha potencia se emplea en incrementar la energía cinética de la masa de aire:

$$P_{ind} = \frac{1}{2} \, m_r \, (v_t^2 + v_i^2) - \frac{1}{2} \, m_r v_t^2 = \frac{1}{2} \, m_r v_i^2$$

$$P_{ind} = \frac{(mg)^2}{2\rho\, v_t S_d}$$

Si sustituimos el área por su valor en función de la envergadura (b) y ajustamos la fórmula con un coeficiente corrector (K):

$$P_{ind} = \frac{2\,K\,(mg)^2}{\rho\, v_t\, \pi\, b^2} \quad [17]$$

Con un valor del coeficiente K=1,2 la potencia inducida que arroja esta fórmula se aproxima bastante a la realidad.

En nuestro modelo tan solo hemos tenido en cuenta que el flujo de aire se altera para producir sustentación, es decir una fuerza capaz de equilibrar el peso del pájaro. Por eso, la potencia que así se calcula se denomina potencia inducida y es la necesaria para generar sustentación. Sin embargo, el pájaro en vuelo tiene que vencer otras resistencias, debidas al rozamiento del aire, y a la forma del pájaro y sus alas que pueden generar distribuciones de presión en la superficie del animal cuya fuerza resultante se oponga al avance. Estas fuerzas de resistencia adicionales implican que la potencia inducida no es la única necesaria para el vuelo, aunque sí es la que se requiere para producir la sustentación.

De la fórmula anterior [17], se deduce que la potencia inducida, o potencia necesaria para generar la sustentación, disminuye con la velocidad de vuelo y con la envergadura.

A baja velocidad la potencia inducida aumenta muy rápidamente. De hecho, los pájaros tienen dificultades para volar a poca velocidad, lo que hace que el despegue sea una maniobra muy crítica. Siempre lo hacen cara al viento, mueven las alas hacia adelante, corren, o se lanzan desde una percha o un promontorio para ganar cierta velocidad en la caída que les permita emprender el vuelo.

Para un ala de envergadura infinita la potencia inducida es cero. A mayor envergadura, menor será la potencia necesaria para generar la sustentación, si se mantienen iguales el peso, la velocidad y la densidad del aire, durante el vuelo. Con la misma área y mayor envergadura, la relación de aspecto del ala (AR, que es igual al cociente entre la envergadura y la cuerda) aumenta, por eso las alas con mayor relación de aspecto vuelan mejor.

Podemos considerar que la potencia inducida P_{ind} es igual a una fuerza de resistencia que llamaremos resistencia inducida (D_i), multiplicada por la velocidad (v_t).

$$P_{ind} = D_i v_t$$

Por lo tanto, el valor de la resistencia inducida viene dado por la siguiente expresión:

$$D_i = \frac{K \, (mg)^2}{2 \, \rho \, v_t^2 \, S} \qquad [18]$$

Como en un vuelo nivelado, el peso es igual a la sustentación, la expresión anterior también puede escribirse en función del coeficiente de sustentación, tal y como se definió en [1]:

$$mg = \frac{1}{2} \, \rho \, v^2 \, c_L S$$

$$D_i = \left(\frac{K}{4}\right) \frac{1}{2} \, \rho \, v^2 \, S \, c_L^2 \qquad [19]$$

La resistencia inducida es proporcional al cuadrado del coeficiente de sustentación, o dicho de otra forma: el coeficiente de resistencia inducida (CD_i) es proporcional al cuadrado del coeficiente de sustentación:

$$C_{Di} = K_1 C_L^2 \qquad [20]$$

En donde el coeficiente K_1 es del orden de 0,3 (cuatro veces menos que K).

Hemos visto que, además de la resistencia inducida que se produce en el ala al generarse la sustentación, el pájaro tiene que vencer la resistencia debida a la fricción del aire en las alas y sobre todo en su cuerpo y a la resistencia que origina las distribuciones de presión debidas a la forma del volador. Por lo general, la resistencia total se suele descomponer en la inducida por la sustentación, la debida a la forma y la de rozamiento.

La resistencia total que ofrece el pájaro al avance, la podemos expresar en función de un coeficiente de resistencia C_D:

$$D = \frac{1}{2}\, \rho\, v^2\, C_D S \quad [21]$$

La potencia total necesaria para el vuelo, o coste del vuelo, se obtiene multiplicando la resistencia por la velocidad.

Hemos visto que la potencia inducida, que produce la sustentación, es inversamente proporcional a la velocidad de vuelo, mientras que los otros términos de potencia, la debida a la forma y la de rozamiento, se pueden considerar proporcionales al cubo de la velocidad. Al trazar la curva del coste del vuelo (potencia necesaria), en función de la velocidad, nos encontraremos con que es la suma de una componente (potencia inducida) que disminuye con la velocidad y otra que crece con el cubo de la velocidad (de forma y rozamiento o parásita), por lo que tiene forma de U. (*Figura 2-A3*). Hay dos velocidades de especial interés en esta curva: la velocidad (*Vmp*) para la potencia mínima (*Pmin*) o de máxima autonomía, y la velocidad (*Vmr*) de máximo alcance, que se corresponde con la potencia (*Pmr*).

A baja velocidad la potencia necesaria para el vuelo es muy alta y conforme aumenta la velocidad, la potencia disminuye, hasta alcanzar un valor mínimo (*Pmin*) cuando la velocidad es igual a *Vmp*. Esta velocidad de vuelo es la que exige menor potencia y es la de menor consumo energético por unidad de tiempo. Es la velocidad de vuelo de máxima autonomía porque es la que nos permite permanecer más tiempo en el aire. Sin

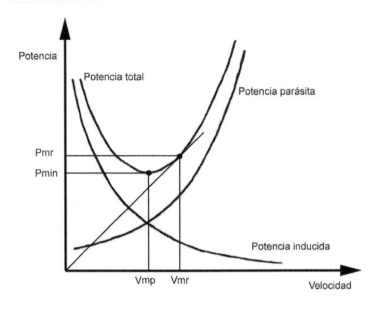

Figura 2-A3. Potencia del vuelo, en función de la velocidad.

embargo, no es la que nos proporciona el mayor alcance. La de mayor alcance será aquella en la que consumamos menos cantidad de energía por unidad de distancia recorrida, no por unidad de tiempo. Esto nos permitirá llegar lo más lejos posible con la energía que dispongamos: la almacenada en el depósito de combustible, en una aeronave, o las reservas de grasa en el caso de un pájaro. La energía por unidad de distancia recorrida es el trabajo necesario para mover la fuerza de resistencia (D) una unidad de distancia. La velocidad para la que la resistencia D sea mínima coincidirá con la de mayor alcance porque es aquella para la que necesitamos menor energía por cada metro que avancemos. Si dividimos la potencia (P) por la velocidad (v), obtenemos D. Para hallar el punto de la gráfica de potencia en el que (D=P/v) es mínimo, basta trazar la tangente a la curva de potencia, que pasa por el origen; es fácil ver que la relación (P/v) es mayor en cualquier otro punto de la gráfica de potencia. La potencia de máximo alcance (*Pmr*) es aquella en la que la resistencia (D) es mínima y cuando volamos a la velocidad que le corresponde, *Vmr,* el volador es capaz de llegar más lejos que con ninguna otra velocidad.

La velocidad de máximo alcance (*Vmr*) es siempre mayor que la de potencia mínima (*Vmp*) y su relación, en los pájaros, es del orden de 1,6.

En cualquier caso, el principal problema de la aplicación de modelos, para calcular el coste de vuelo estriba en que suministran la potencia mecánica pero nada dicen acerca de la potencia química que es la que realmente desarrolla el pájaro. Y para pasar de una a otra, los errores se multiplican por un factor que es del orden de 4 a 5.

Fórmula de Breguet del alcance máximo

El pionero de la aviación Breguet, es el autor de la primera fórmula en la que se estima el alcance máximo de un volador que, en el momento del despegue, lleve a bordo una cantidad de combustible determinada. Pese a que dicha expresión data de los años 20 del pasado siglo, sigue siendo del todo válida.

La variación de masa por unidad de tiempo (dm/dt), que es el combustible que se quema para aportar la energía necesaria para el vuelo, multiplicada por su densidad energética (Δh) y el rendimiento biomecánico (η_{bm}), es la potencia útil que genera el pájaro para volar y esta tiene que ser igual a la resistencia al avance (D) por la velocidad (v):

$$\frac{dm}{dt} \, \Delta h \, \eta_{bm} = D \, v \text{ [22]}$$

Durante el vuelo nivelado, a velocidad constante, la sustentación (L) es igual al peso (mg), por lo que la expresión anterior también puede escribirse de la siguiente forma:

$$\frac{dm}{dt}\, \Delta h\, \eta_{bm} = \frac{mg}{(L/D)}\, \mathrm{v}$$

$$\mathrm{dt} = \frac{\Delta h\, \eta_{bm}}{\mathrm{v}\, g} \left(\frac{L}{D}\right) \frac{dm}{m}$$

$$t = \frac{\Delta h\, \eta_{bm}}{v\, g} \left(\frac{L}{D}\right) \ln\left(\frac{m_i}{m_f}\right) = \frac{\Delta h\, \eta_{bm}}{v\, g} \left(\frac{L}{D}\right) \ln\left(\frac{1}{1 - C\%}\right)$$

$$t = \frac{\Delta h\, \eta_{bm}}{v\, g} \left(\frac{L}{D}\right) \ln\left(\frac{1}{1 - C\%}\right)$$

En donde m_i y m_f son las masas inicial y final del vuelo y $C\%$ el porcentaje que representa el peso del combustible en el momento del despegue:

$$C\% = \frac{m_i - m_f}{m_i}$$

De donde se deduce el valor del alcance, multiplicando el tiempo por la velocidad:

$$R = \frac{\Delta h\, \eta_{bm}}{g} \left(\frac{L}{D}\right) \ln\left(\frac{1}{1 - C\%}\right) \quad [23]$$

El alcance depende de la densidad energética del combustible (Δh), del rendimiento del proceso que transforma la energía que suministra en energía mecánica (η_{bm}) para el vuelo, de la relación entre sustentación y resistencia del volador (L/D) y del porcentaje de la masa total que representa el combustible en el momento del inicio del vuelo (C%). Como los pájaros, en vuelos de larga duración, la mayor parte del combustible que queman son las grasas (cuya densidad energética es de 39,7 Kj/g) y el rendimiento mecánico lo estimamos en una cifra del orden de un 20%, los dos parámetros que determinan el alcance máximo de un ave son: la relación entre sustentación y resistencia (L/D) y el porcentaje de grasa, sobre la masa total, que contiene su cuerpo en el momento de iniciar el vuelo (C%).

Anexo IV

Tablas de datos de algunas aves

La información de estas tablas se ha obtenido a partir de publicaciones en los siguientes documentos: Protocol S1. Supplementary List of Flight Speeds and Biometry of Bird Species (doi:10.137/Journal.pbio.0050197.sd001); Bruderer y A. Boldt, Flight characteristics of birds; Radar measurements of speeds, Ibis 143 (2001); T. Alerstam et al., Flight speeds among bird species; Allometric and phylogenetic effects, PLoS Biology 5 (2007).

W   Peso del ave en newtons
AR   Relación de aspecto (envergadura/cuerda)
W/S   Carga alar newtons/m2 (peso/superficie del ala)
Vo   Velocidad de vuelo del pájaro (observada)
Dv Vt Desviación de la velocidad observada con respecto a la _teórica_ (%)

Orden: ANSERIFORMES					
Especie	W	AR	W/S	Vo	Dv Vt
	Nw		Nw/m2	m/s	%
ánade rabudo	10,2	9,2	116	20,6	17%
cerceta común	3,5	8,1	81	19,7	34%
silbón europeo	7,7	8,3	94	20,6	30%
ánade real, azulón	10,8	7,3	102	18,5	12%
ánsar careto	25,8	10,8	140	16,1	-17%
ánsar común	33,3	7,8	108	17,1	1%
ánsar campestre	30,4	9,8	113	17,3	-1%
porrón europeo	8,1	9,6	131	23,6	26%
porrón moñudo	6,8	10,6	143	21,1	8%
porrón bastardo	9,1	10,8	147	21,3	8%
barnacla carinegra	13,1	9,0	116	17,7	1%
barnacla canadier	36,3	7,7	98	16,7	4%
barnacla cariblanc	17,1	10,1	149	17	-15%
porrón osculado	8,8	8,2	148	20,3	2%
pato havelda	8,6	7,5	128	22	19%

Tabla A-1 Anserifomes

TABLAS DE DATOS

Orden: ANSERIFORMES					
Especie	**W**	**AR**	**W/S**	**Vo**	**Dv Vt**
	Nw		Nw/m2	m/s	%
cisne chico	66,4	8,5	144	18,5	-6%
cisne cantor	86,9	6,5	144	18,5	-5%
cisne vulgar	106,0	8,1	163	16,2	-22%
negrón especulad	17,1	9,3	169	20,1	-5%
negrón común	9,7	10,6	143	22,1	13%
serreta grande	14,9	11,2	194	19,7	-13%
serreta mediana	9,8	11,2	145	20	2%
eider común	20,2	7,3	154	17,9	-12%
eider real	15,9	8,0	147	16	-19%

Tabla A-1 Anseriformes (cont.)

Orden: CHARIIDRIFORMES Especie	W	AR	W/S	Vo	Dv Vt
chorlitejo grande	0,6	9,4	36	19,5	100%
chorlito gris	2,2	9,2	52	17,9	52%
avefría europea	2,2	7,6	29	17,9	102%
ostrero euroasiático	5,1	8,3	63	13	0%
gaviota reidora	2,8	9,6	28	11,9	37%
gaviota argéntea	11,4	9,1	58	12,6	1%
gaviota cana	4,1	9,9	33	13,4	43%
gaviota sombría	7,2	9,3	37	13,1	31%
gavión atlántico	16,7	9,7	58	13,7	10%
gaviota tridáctila	4,1	9,7	43	13,1	23%
vuelvepiedras común	1,1	8,8	44	14,9	37%
correlimos común	0,5	8,2	34	15,3	60%
correlimos gordo	1,3	8,7	45	20,1	84%
agachadiza común	1,3	5,7	27	17,1	101%

Tabla A-2 Charadriiformes

TABLAS DE DATOS

Orden: CHARIIDRIFORMES					
Especie	**W**	**AR**	**W/S**	**Vo**	**Dv Vt**
aguja colipinta	3,2	10,2	61	18,3	43%
zarapito real	7,8	8,0	66	16,3	23%
falaropo pico grue	0,5	9,0	27	12,4	46%
falaropo picofino	0,3	7,9	22	13,1	70%
combatiente	1,1	7,8	29	17,4	99%
andarríos bastardo	0,6	7,9	32	9,6	4%
archibebe claro	1,7	9,2	43	12,3	15%
zarapito trinador	3,8	8,4	27	16,3	90%
págalo rabero	3,0	11,4	33	13,6	44%
págalo parásito	4,4	9,5	37	13,8	39%
fumarel aliblanco	0,5	7,8	10	12	136%
charrán ártico	1,1	11,2	19	10,9	52%

Tabla A-2 Charadriiformes (cont.)

Orden: FALCONIFORMES					
Especie	**W**	**AR**	**W/S**	**Vo**	**Dv Vt**
águila calzada	8,1	6,1	40	11,3	9%
milano negro	8,0	8,2	28	11,7	34%
halcón de Eleonor	3,9	8,7	37	12,8	28%
halcón peregrino	7,9	8,3	63	12,1	-6%
alcotán europeo	2,4	8,0	36	11,3	16%
cernícalo vulgar	2,0	7,5	29	10,1	16%
gavilán griego	1,9	6,6	26	11,1	34%
gavilán común	2,8	5,8	36	11,3	15%
águila real	40,7	6,9	68	11,9	-12%
águila esteparia	28,4	8,5	59	7,7	-38%
águila pomerana	13,9	4,2	27	11,7	38%
ratonero común	8,9	5,7	33	11,6	24%
ratonero calzado	9,4	5,5	28	10,5	21%
aguilucho lagunero	6,5	6,6	32	11,2	21%
aguilucho pálido	4,3	7,7	28	9,1	6%

Tabla A-3 Falconiformes

TABLAS DE DATOS

Orden: FALCONIFORMES					
Especie	W	AR	W/S	Vo	Dv Vt
aguilucho papialbo	4,1	8,0	28	9,6	12%
aguilucho cenizo	2,9	8,8	21	8,4	12%
pigargo europeo	48,7	5,4	55	13,6	12%
milano real	10,1	8,5	31	12	32%
alimoche común	20,2	7,7	57	12,6	2%
abejero europeo	7,8	6,4	31	12,5	36%
cernícalo primilla	1,5	6,9	24	11,3	41%
cernícalo patirrojo	1,6	7,1	22	12,8	66%
águila pescadora	15,8	8,0	49	13,3	16%

Tabla A-3 Falconiformes (cont.)

Orden: PASSERIFORMES					
Especie	W	AR	W/S	Vo	Dv Vt
alondra común	0,38	5,9	18	15,1	115%
alondra totovía	0,26	5,1	16	9,8	49%
cuervo común	11,50	5,9	47	14,3	28%
corneja negra	5,66	6,0	41	13,5	29%
graja, grajo	4,88	6,0	35	13,5	39%
grajilla	2,45	6,2	36	12,5	28%
arrendajo	1,62	4,5	25	12,9	58%
cascanueces común	1,70	5,8	29	13,4	52%
pardillo común	0,15	6,1	15	14,8	130%
jilguero europeo	0,16	6,2	17	12,8	91%
verderón común	0,27	5,1	22	12,2	58%
jilguero lúgano	0,14	5,8	18	14,5	109%
pinzón vulgar	0,22	5,1	16	12,8	94%
pinzón real	0,24	5,8	19	15	113%
camachuelo común	0,22	5,4	16	13,4	106%

Tabla A-4 Passeriformes

TABLAS DE DATOS

Orden: PASSERIFORMES					
Especie	**W**	**AR**	**W/S**	**Vo**	**Dv Vt**
avión común	0,15	8,1	14	9,7	56%
ptyonoprogne rupe	0,19	8,8	16	9,9	51%
golondrina común	0,16	7,5	12	10	79%
avión zapador	0,15	7,6	15	14,3	124%
bisbita pratensis	0,18	5,5	14	10,5	70%
bisbita arbóreo	0,22	5,8	17	12,7	86%
lavandera blanca	0,21	5,4	17	14,1	112%
lavandera bollera	0,18	6,6	17	12,7	86%
collalba gris	0,23	5,5	16	12,8	97%
carbonero garrapi	0,09	4,4	12	10,6	87%
carbonero común	0,19	4,9	17	13,6	99%
acentor común	0,20	4,9	22	12,2	60%
zorzal alirrojo	0,61	5,6	26	13,8	65%
zorzal común	0,68	5,9	31	11	21%
zorzal charlo	1,14	5,8	34	11,9	25%

Tabla A-4 Passeriformes (cont.)

Bibliografía

Nature's Flyers, David E. Alexander.

The Single Science of Flight, Henk Tennekes.

Avian Flight, John J. Videler.

The Function of the Alula in Avian Flight. Sang-im Lee, y otros. (7 mayo 2015)

Formas de retrasar la entrada en pérdida en las alas de las aves. J. Meseguer, J.C Álvarez y A. Pérez. IDR/UPM ETSI Aeronáuticos UPM Madrid (Marzo 2004)

Aerodinámica del vuelo: aves y aeronaves, José Meseguer Ruiz, Ángel Sanz Andrés.

Gliding Birds: The Effect of Variable Wing Span, Vance A. Tucker. J. Exp. Biol 133, 33-58 (1987)

Aerodynamics of gliding flight in a falcon and other birds. Vance A. Tucker y G. Christian Parrot .J. Exp. Biol (1970)

Aerodynamics of gliding flight in common swifts P. Henningsson y Hedenström. J. Exp. Biology 214, 382-393 (2010)

Gliding Flight in a jackdaw: a wind tunnel study, Mikael Rosén y Anders Hedenström J Exp. Biology 204, 1153-1166 (2001)

Gliding Birds: Reduction of induced drag by wing tip slots between the primary feathers. Vance A. Tucker, J. Exp. Biol. 180. 235-310 (1993)

Anatomy and Histochemistry of Spread-Wing Posture in Birds. 2. Gliding Flight in the California Gull, Larus californicus: A Paradox of Fast Fibers and Posture. Ron A. Meyers y Edward Mathias. Journal of Morphology 233:237-247 (1997)

*Observations on herring gull soaring (*Alfred H. Woodcock, 1940*)*

Thermal soaring compared in three dissimilar tropical bird species, fregata magnificens, pelecanus occidentalis and coragyps atratus C.J. Pennycuick, J. exp. Biol. 102, 307-325, (1983)

BIBLIOGRAFÍA

Thermal soaring flight of birds and UAVs (Zsuzsa Ákos y otros)

Comparing bird and human soaring strategies (Zsuzsa Ákos y otros)

American white pelican soaring flight times and altitudes relative to changes in thermal depth and intensity, Harlan D. Shannon y otros, The Condor 104-679-683 (2002)

The gliding speed of migrating birds: slow and save or fast and risky? Nir Sapir y otros. Ecology letters, (2004)

How cheap is soaring flight in raptors? A preliminary investigation in freely-flying vultures. Olivier Duriez y otros, PLOS (2014)

Using movement ecology to understand flight behavior in soaring birds James Todd Mandel (Cornell University, 2009)

Thermal soaring by migrating starlings Clarence D. Cone Jr., (1968)

Predicted and observed migration speed in lesser spotted eagle Aquila pomarina, Anders Hedenström, 1997

Thermal soaring of raptors, C.F. Henty, Brit Birds 70 471-475, (Nov. 1977)

Thermal structure and behavior, Wayne M. Angevine, (Nov. 2014)

Basic convective element: bubble or plume? A historical review J-I Yano, Atmospheric Chemistry and Physics, 2014

Autonomous dynamic soaring platform for distributed mobile sensor arrays, Mark B.E. Boslough Sand Report SAND202-1896 Sandia National Laboratories

Dynamic soaring: aerodynamics for albatrosses, Mark Denny European Journal of Physics 30(2009) 75-84

How do albatrosses fly around the world without flapping their wings? Philip L. Richardson (2010) Progress in Oceanography

The flight of the albatross- How to transform it into aerodynamic engineering? Günther Pfeifhofer, Helmut Tributsch (2014) Scientific Research Publishing Inc.

Wind Shear FAA-P-8740-40 AFS-8 (2008)

Wind, waves, and wing loading: morphological specialization may limit range expansion of endangered albatrosses, Robert M. Suryan y otros (2008) PLoS ONE

The flight of petrels and albatrosses, observed in South Georgia and its vicinity, (1982) J.C. Pennycuick. Royal Society

Heart rate and estimated energy expenditure of flapping and gliding in black-browed albatrosses, Kentaro Q Sakamoto y otros (2005-2009)

Swifts in sea-breeze fronts, John E. Simpson (1967), British Birds vol 60 no 6

An Introduction to FLAPPING WING AERODYNAMICS, Wei Shy, Hikaru Aono, Chang-Known Kang, Hao Liu, Cambridge Aerospace Series

Flight Kinematics of black-billed magpies and pigeons over a wide range of speeds, Bret W. Tobalske and Kenneth P. Dial, Division of Biological Sciences, University of Montana, Missoula, MT 59812, USA, The Journal of Experimental Biology 199, 263-280 (1996)

Vortex wake and flight kinematics of a swift in cruising flight in a wind tunnel, P. Henningsson, G. R. Spedding and A. Hedenström J. Exp Biol. 211, 717-730 (2008)

Wingbeat frequency and de body drag anomaly: Wind-Tunnel observations on a thrush nightingale (Luscinia luscinia) and a teal (anas crecca), C. J. Pennycuick, Marcel Klaassen, Anders Kvist y Ake Lindström, J Exp Biol 199, 2757-2765 (1996)

Speeds and wingbeat frequencies of migrating birds compared with calculated benchmarks, C.J. Pennycuick, J Exp Biol 204 3283-3294 (2001)

The implications of low-speed fixed-wing aerofoil measurements on the analysis and performance of flapping bird wings, G. R. Spedding, A. H. Hedenström, J McArthur, and M. Rosén, J Exp Biol 211, 215-223 (2008)

Span-ratio analysis used to estimate effective lift drag ratio in the double-cested cormorant phalacrocorax auritus from field observations, C. J. Pennycuick, The Company of Biologists Ltd (1989)

Estimation of unsteady aerodynamics in the wake of a freely flying European starling (sturnus vulgaris), Hadar Ben-Gida, Adam Kirchhefer, Zachary J. Taylor, Wayne Bezner-Kerr, Christopher G. Guglielmo, Gregory A. Kopp, Roi Gurka, PLOS One (2013)

Visualization and modelling of the wakes of flying birds, Jeremy M. V. Rayner & Robert Gordon, School of Biological Sciences, University of Bristol

Theoretical modelling of wakes from retractable flapping wings in forward flight, Ben Parslew and William J. Crowther, School of Mechanical, Aerospace and Civil Engineering, The University of Manchester , UK, Peer J (2013)

A new approach to animal flight mechanics, J.M. Rayner J Exp Biol 80, 17-54 (1979)

Aerodynamics and Energetics of intermittent Flight in Birds, Jeremy M. V. Rayner, Paolo W. Viscardi, Sally Ward, John R. Speakman, Amer Zool, 41:188-204 (2001)

An aerodynamic model flor flapping-wing flight, J. D. De Laurier Institute of Aerospace Studies, University of Toronto, The Aeronautical Journal of the Royal Aeronautical Society (1993)

Efficiency of lift production in flapping and gliding flight of swifts, Per Henningsson, Anders Hedenström, Richard J. Bomphrey, PLOS One (2104)

Electrocardiogram recordings in free ranging gannets reveal minimum difference in heart rate during flapping versus gliding flight, Yan Ropert-Coudert, Rory P. Wilson, David Grémillet, Akiko Kato, Sue Lewis, Peter G. Ryan, Marine Ecology Progress Series Vol 328: 275-284 (2006)

Role of wing morfing in thrust generation, Mehdi Ghommem, Muhammad R. Hajj, Philip S. Beran, Ishwar K. Puri, The Chinese Society of Theoretical and Applied Mechanics, Theoretical & Applied Mechanics Letters 4, 032003 (2014)

Aerodynamic yawing moment characteristics of bird wings, Gottfried Sachs, Journal of Theoretical Biology 234 (2005) 471-478.

Effect of slotted wing tips on yawing moment characteristics, Gottfried Sachs, Mochammad Agoes Moelyadi, Journal of Theoretical Biology 239 (2006) 93-100

Made in the USA
Coppell, TX
18 January 2020

14663452R00166